ちくま文庫

イルカも泳ぐわい。

加納愛子

筑摩書房

目次

カバーイラスト　hakowasa「真夜中の雨」
カバーデザイン　佐藤亜沙美（サトウサンカイ）

「イルカも泳ぐわい。」

不可抗力だとわかってはいても、YouTube に自分達の動画を勝手にアップロードされるのはあまり気持ちの良いものではない。「この番組に向けて」「この時間帯のオンエアだから」など、今このネタを選んだ様々な意図などおかまいなしに、芸人のネタは知らない人の手によって、あのフードコートのように好きなものが選べる場所で、いつでも食べられるファーストフードと化していく。

しかし本当のことを言うと、どの芸人も元はといえばただのお笑いが大好きなガキである。数年前のあの人のあのネタ、師匠が若いときのキレキレのコント、一度は生で見たかった今は亡きあのコンビの伝説の漫才、そんなものを夜中に見られるのは正直嬉しい。もちろん需要があるから供給が生まれる。供給だけを否定することはできない。悩ましいところだ。

かくして無念にも深夜の動画視聴がルーティンになってしまうわけであるが、そこで出会ったとても素敵なセリフがある。お笑いコンビ「高僧(たかそう)・野々村」さんの

「イルカも泳ぐわい。」

である。これだけでは何のことかわからない。一九九五〜九七年にＡＢＣ（朝日放送）で放送されていた「すんげー！　Ｂｅｓｔ10」というお笑い番組で披露された、漫才の中での一言である。私がおそらく小学校にあがるかあがらないかという頃で、リアルタイムでは見ていない。

二人は子どもの頃に流行った引っかけクイズをしている。

「あんまん・コーヒー・ライターーって続けて言って」

「あんまんコーヒーライターあんまんコーヒーライター」

「ほら、やらしくなった」

「あー、じゃあ、今日・コーヒー・飲んだって続けて言って」

「今日コーヒー飲んだ今日コーヒー飲んだ」

「やー引っかかった！」

「何が？」

「飲んだん？」

「いや？」

「言ったやん今日コーヒー飲んだって」

「ちゃうやん！　そんなもん普通やん」

「そうか」

「そらコーヒーも飲むわい、イルカも泳ぐわい。」

私はこのイルカだけでご飯三杯はいける。ツッコミセリフであり、なおかつ確実にウケを狙いにいっている箇所ではないので、笑いが起こるかどうかという話ではない。なんの脈絡もなく発せられたこの言葉に、得もいわれぬ漫才の色気を感じたのだ。

「コーヒーを飲む」ということの凡庸さを伝えるのに、「なんもおかしないやろ」という代わりに「イルカも泳ぐわい」という、なんとも気持ちの良い距離がある言葉で形容している。それが流れるように発せられていて、うっかり聞き漏らしそうになるところもまた良い。これが大きい声で「風呂も入るわい」だと全然ダメだ。近すぎる。「アメリカ人は銃持つわい」だと怖すぎる。

そもそも、「言わなくてもいい」言葉である。いや、漫才自体が基本的に言わなくてもいいことの塊なのだが、ここでいう「言わなくてもいい」というのは、例えばコンテストのためにネタをブラッシュアップする過程で、失くしてしまう部分だったりする。勝負をするときには、有効打か否かが重要視される。でもその部分が美味しかったりする。ホルモンみたいなものかもしれない。お客さんにそればかり出しても、さほど食べた気になってもらえない。でももし漫才中に相方がアドリブで「イルカも泳ぐわい」をくれたら、帰り道にジュースをおごってしまうかもしれない。

不必要なものだけを堪能できるようになれば、それは最高の娯楽になるはずだと、私は信じている。娯楽の中の娯楽。「どういう意味ですか?」という言葉は仕事場に置いていこう。休日にまでそんな言葉を吐かなくったっていい。ぜひよければ、心に一畳だけ、無駄を受け入れるスペースを作って劇場に来てほしい。そうすればもっといろんなタイプの芸人を好きになってもらえると思う。

それにしても、今日は食べ物のたとえが多くなってしまった。お腹が減っている。売れていないという意味である。

（二〇一八年五月二三日公開）

「思い出　はなし出すなら　今以下の事をネ」

上京した当時から、郷愁に駆られる、ということが極めて少なかった。大阪の真ん中に生まれ、懐かしむ自然もなければ残してきた恋人もいない。さらに何かあれば二時間で帰れる距離とあって、ふるさとに思いを馳せるという行為はなかなかに縁遠いものであった。

それでは何とも、情緒のわからない奴だと言われそうな気がして、ずっと放ったらかしにしていた「地元」なんていう言葉を引っ張り出してみる。所ジョージが

「思い出　はなし出すなら　今以下の事をネ」

と歌っていて、そうやんな、過去は「今」に花を持たせるために適当に使うもんやんな、といたく共感していたが、一旦忘れる。過ぎてしまえば思い出はただ思い出であって、上下などない。そもそも語尾に「ネ」なんてつける大人の言うことは信用してはいけない。

しかし、やってみるとこれがうまくいかない。こんなことがあった、と懐かしむまではいけるが、それが大阪という「郷土」と結びつかないのである。あそこのお好み焼き屋に行ったとき〜、では無理矢理だ。自分のことは棚にあげるが、そもそも私は大阪がそんなに好きじゃない。平気でズケズケ物言うし。ズケズケ。ズケズケでコテコテ。そもそもコテコテってなんやねん。ボチボチも。ズケコテボチ。

あれこれ考えあぐねていると、ひったくり件数ナンバー1の街に生まれた私は、人の思い出が欲しくなる。県民性というのは実に怖い。

東京に出てきてすぐの頃に働いていたバイト先に、青森出身の高田という三つ下の女の子がいた。高田は青森を愛していて、ことあるごとに「実家に帰りたい」と言っていた。冬になると「東京はあったかいねぇ。青森はもっと寒くて、この時期でも雪はめずらしくないよ、ずっと鼻水が出るから、みんな授業中、机の上にトイレットペーパーを置いてたよ」と教えてくれた。情景が浮かび上がる最高の地元エピソードだ。これがいい。目を閉じると、青森に生まれた私の前には、かつて見た裏庭の雪景色が広がっている。

中学は二年が一番楽しかった。休み時間には、いつもトイレットペーパーを体に巻きつけてあかねちゃんとミイラごっこをした。あかねちゃんのペーパーはダブルだったからでき上がりが綺麗だったけど、しっかり巻きすぎるせいでほどくのに時間がかかっていつも先生に見つかった。でも先生の「古代で遊ぶな！」が好きで、それが聞きたくて次の日にはまた二人でミイラになった。

一度、ふざけて塚田が投げたペーパーが窓の外に落ちちゃって、みんなで外を覗いたんだけど、雪が積もってて、どこにあるのかさっぱりわからなかった。そしたら翔太がぶっきらぼうに「ほら」って指差した先に、ペーパーが少しだけ動いたのが見えて、「おぉ！」「翔太やるじゃん！」ってみんな口々に言ったんだけど、翔太は勉強も運動もてんでダメで、おまけに愛想もない奴だったから、結局クラスメイトから「白の微妙な違いを見分けられる奴」という評価だけを受けて卒業した。

三年は嫌だったな。みんな進路の話をしだすようになって、顔つきが変わってきた。トイレットペーパーでふざける子も次第にいなくなった。将来は東京へ行きたい、って言いだす子が増えた。東京の何がいいんだろう。みんなずっと青森でいればいいのに。青森はいいよ。ナンシー関も生まれたしさ。そうだ、私もナンシーみたいにエッセイやコラムを書こうかな。そしたら外に出なくて済むよね。外は寒いもんなぁ。あ、東京は寒くないのか。もうちょっと西のほうがいいかな？　大阪なんてどうかな、うん、大阪はいいよね、楽しそうだもん。大阪の女の子はみんな、プリクラのボタンをハリセンで押すんだってね。面白いね。大阪、いつか行ってみたいなぁ。

（二〇一八年九月二六日公開）

「拳銃！」

単独ライブの大阪公演と、続く名古屋でのライブ出演のため、一週間ほど家を空けることになった。数日分の荷物を用意するのはいつも億劫で、当日の朝に慌ててキャリーバッグに詰めていくのだが、「これだけ確認してもどうせ何かは忘れてるしな」という諦めの気持ちで臨むから、やはり忘れる。一応前日に「持って行くものリスト」は作成しているはずだが、そもそものリストに記入漏れがあるのでどうしようもない。さらに時間に余裕を持って行動するのはもっと苦手で、今出ないと新幹線に間に合わないという時間ギリギリに、散らかしたままにしてバタバタと家を出る。こういうときに限って、携帯の電池は五〇%を切っている。昨夜寝る前の自分を恨んでも遅い。

案の定、マンションのエレベーターで下へ降りている途中で思い出す。

「拳銃！」

と声が漏れる。誘拐犯のコントで使うオモチャの拳銃を机の上に忘れたのだ。なんとも物騒な独り言だ。誰も乗り合わせていなくて良かった。取りに帰ろうかとも考えるが、電車の時間を考えると、諦めたほうがいい。

こういうとき、私は私に対する「いかに心が乱れてないか」のプレゼンを行う。まず、現地でだって買える。そうでしょ？　最悪の場合買えなかったとしても、手のかたちで拳銃を表せばいい。考えてみて、拳銃持ってるか持ってないかで、笑いの量が左右されることなんてないでしょ。じゃあ何が問題？　余裕余裕！あ、天気いいですねー！

こうして、一つ目の失敗によって生じた小さな動揺から、すぐに平常心に戻すことに成功する。その成功を誇らしくも感じながら駅まで早歩きで向かっていたら、一つ目の信号で、また思い出す。

「柄シャツ！！」

前から歩いてくる白いTシャツを着た大学生が、不思議そうに自分の服を一瞥する。やってしまった、誘拐犯が着る柄シャツも忘れた。すぐさまプレゼンは始まる。いや、そもそも誘拐犯が派手な柄シャツを着ているところに面白みを感じるのもどうかなと思ってたんだよね。浅いっていうかなんていうか。見た目で一つでも笑いを取ろうってところが下品だと思うわ、リアリティーの時代なの知らない？　誘拐犯って誘拐することに必死だから服とかは気にしないと思うんだよね、ってことはつまり何着てもいいじゃん、あ〜新幹線でなんのお弁当食べよっかな〜。

普段よりも軽快な足取りで、地下鉄の入り口から改札へつながる階段を降りた。下から吹く強い風で前髪を乱したまま、荷物の中から財布を取り出しICカードを改札機にタッチする。そのとき、するすると電車がホームに入ってきた。えー最高！　これこれ。まるで私のタッチで電車を呼び出したかのような完璧なタイミング。私はハイヤーに乗り込むハリウッド女優のように、優雅な動作で車内へと体を滑り込ませた。車体とホームの隙間にキャリーバッグが挟まってガガッとなったことで、セレブタイムは二秒で終了したけれど、乗ってしまえばこっちのもの。窓に映る自分を見ながら、ゆっくりと乱れた髪を戻した。地下鉄の入り口の風が強い原理ってなんだろうな～涼しいからいいけど～あ～車内涼し………

「クーラー！！！」

またたく間に、全身が絶望に包まれた。つけっぱなしにしたクーラーが、びゅうびゅうと音を立てて無人の部屋を冷やしている映像が浮かんだ。やばい。完全に消し忘れた。はやくプレゼンを始めないと。ほ、ほら、一週間家空けるって言ってもさ、本来は出かけなければ使うはずだった電気代なわけじゃない？　じゃあ別に、でもまあ消しているに越したことはないけどね、じゃなくって、えー、クーラーの広告でさ、なかった？「買うなら冷やせ、消すなら買うな」みたいなやつ。え、ない？　あるわけない？　どのお弁当に……どうでもいい？　グミ買おっか？　いらない？

結局私は私を説得できないまま、新幹線の中でも立ち直れずに「最悪……」と一〇分に一度つぶやいてはため息をついた。うっすら姿を現した富士山も無感動で眺め、「今頃うちはあの山頂ぐらい冷えてるのか」と思ったら泣きたかった。仲のいい後輩から「大阪単独頑張ってください！」とＬＩＮＥがきたので「黙れお前に家のクーラー消し忘れた人間の気持ちがわかるんか」と送ったら、すぐに「え！　大家さんに連絡しましたか⁉」と返ってきた。

私は座席で飛び上がりそうになるのをなんとか抑えた。そうか、その手があった。なぜ思い浮かばなかったのだろう。大急ぎで車両の後ろへ行き、大家さんである優しい老婦人に電話をかけた。そして、しばらく家を空けること、部屋に入ってクーラーを消してほしいことを伝えた。老婦人は笑って、「はいはい〜気をつけていってらっしゃいね」と快く聞いてくれた。再度お礼を言おうとしたそのとき、携帯の電池は切れた。しかし、用件は伝わった。ようやく安堵して席に戻ろうとしたとき、再び思い出した。

「拳銃！」

大家さんに、芸人であることは伝えていない。机の上に置かれた拳銃と、散らかった部屋。東で老婦人が悲鳴をあげたちょうどそのとき、西ではそれをかき消すように、音を立ててプラットホームに新幹線が到着した。

（二〇一九年一〇月三〇日公開）

「ありがとーぅ」

あいぴーの「ぅ」は小さかった。

かさこそ、かさこそ、とまるでゴキブリのように、四五分の命を授かったくしゃくしゃな手紙は教室内を動き回る。あの子からあの子へ、そしてあの子。授業が始まってからすでに二周目に突入していたが、その流れはいつも器用に、サッカー少年やカードゲーム上級者や歯医者の息子を避けた。

斜め前の席からクイックモーションで投げられた紙は、中身と同等の軽さゆえに机上に着地すること叶わず、わずかな音を立てて私のつま先のちょっと前に落ちた。「床のほうが居心地が良いねんけど」と言い出しそうな見てくれではあれど、担任が板書をする隙を狙って私はすばやくその紙を拾い上げる。

開くというより伸ばすに近い動作によって、友人たちの描くて丸っこい筆跡はあらわれる。色も太さもまちまちのペンで、一行ずつ順番にしたためられていた。本日のテーマは「今回の席替えは誰も勝ち組おらん」と「サンタルチア練習した?」。サンタルチアは音楽の授業で習ったイタリアの民謡で、数日後に行われるテストで一人ずつ歌わなければならないことになっていた。

やり取りの一周目は、自分の席を星の数で評価し、その横に「最悪」などの一言を添えるという記入方法がとられた。二周目は、きたる「羞恥心爆発日」こと歌唱テスト日に向けて、より哀調を帯びた会話が繰り広げられた。

きょんちゃん「真ん中へんのテンション上げるとこはずい……」
さっち「その日休もかな……」
かんこ「え、テストいつやっけ?」
さよ「来週の火曜日やで」
あいぴー「知らんかった、ありがとーぅ」

いずっぺ「泣きたい……」

それぞれの嘆きの間に挟まれた、あいぴーの「ぅ」が目に留まった。

「ありがとう！」

「ありがと！」

「ありがとー！」

私は気のおけない友人に文面で感謝を伝えるとき、この三種類を使っていた。教科書を見せてくれたなら「ありがとう！」、気持ちよく褒められたなら「ありがと！」こっちが終わるまで待ってくれていたなら「ありがとー！」だ。意識して明確に使い分けていたわけではないが、言葉がもつ質感の違いを問われたらこのようなイメージであると説明できる。そしてこの三つで事足りた。

しかし「ありがとーぅ」とは、なんや。けったいな。「と」を伸ばしたのちの、小さい「ぅ」。今まで見たことのなかった記し方に、なぜか落ち着かない気持ちになる。これは、あれか。自分が頭の中で思った音声に忠実に表記しているということか？　読んだ相手が脳内で再生しやすいようにしているのか？　いや、さすがにそこまで考えていないか？

あいぴーは、その後も「ぅ的行動」をよくした。あいぴーが田中くんを好きになったときは、誰もが「そこいく発想はなかった」と言った。理由を聞くと、「ティッシュ持ってたから」と答えた。高校生になってバイトを始めたとき、「途中でたい焼き屋が目に入ってしまう」という理由で、よく遅刻をしていた。私はそのたびに「ぅやな～」と思った。

心の中で「ぅ」がたくさん溜まって、あいぴーは友達から相方になった。あれから十数年、くしゃくしゃの紙はメールになり、ＬＩＮＥになり、途切れることなく日常に溶け込んでいる。

台本を打ち終え、いつものように送信する。

「これ、次やるネタ～」

「ありが！」

「ありがとーぅ」

ふいにこうして、「ぅ」どころか「と」も消して、私のノスタルジーをあっさり終わらせるのも、それはそれで彼女の新しい「ぅ」なのであった。

（『イルカも泳ぐわい。』二〇二〇年掲載）

「私〝ひき〟が強いのよね〜」

またた。またあのネズミが得意げに取材に応じている。働き盛りの女性インタビュアーが「光栄です」だの「ここだけの話をどうかひとつ」などと辣腕を振るっている。近づいていってネズミを叩き潰してやりたいが、夢の中ではなぜかその場から一歩も動くことができない。遠巻きに、爺と婆と孫と犬と猫が、目ん玉が取れそうなほどネズミにガンを飛ばしている。ネズミの癇に障る高い声がキュリキュリ響く。

「やっぱりねン、〝ひき〟っていうのはあるンだろうねン、ぼくのターンでかぶが抜けたっていうのさン、意図せずだけどさン」

絵本『おおきなかぶ』のその後、が最初に夢に出てきたのは大人になってからだった。巨大なかぶが抜けたことが全国的なニュースになり、最後に駆けつけたネズミだけが人気者になって注目を浴びるという物語。なんでこんなやるせない話になったのだろう。私自身が「世の中は不公平である」ということを実生活で感じたのが、こういう形になって夢に出てきたのだろうか。だとしたら爺と婆と孫に申し訳ない。頑張ったんだから、ハッピーエンドで終わらせてあげたかった。犬と猫には、ごめんちょっとそこまで感情移入できない。

それはともかく、私は絵本も実際のかぶも昔から好きでいるが、かぶのほうとは、今すこし喧嘩中である。

かぶの旬は年に二回あると知ったとき、真っ先に「せこ！！」と思った。実際に口に出しても言った。しかも春のかぶはやわらかくて、秋のかぶは甘みがある、とくる。旬を二回むかえるだけでもせこいのに、それを違うパターンで？　せこい。これはちょっと可愛げがないんじゃないか。他の野菜の「え？　そんなんしていいん?」という声が聞こえる。ほんまにそう。ええわけないよな。みんな一回勝負でやってんのにな。

私はかぶの、丸っこい白からヒゲをちょろりと出しておどけておいて、旦那それだけではございませんです、というように、落ち着きながらもしっかり躍動感のある葉っぱで格を出しているところが気に入っていた。そのフザケ根とマジメ葉のコンビネーションを見て、手にとってもらおうと必死に努力しているのだと解釈していた。殊勝な心がけだと感心してさえいた。頻繁には買わなくても、スーパーでネギを手にとりながら視界に入るかぶにも「やってんね」とやわらかい微笑を送っていた。

だが、旬が二回あるなら話は変わる。かぶは余裕だった。フザケ根が生やしているヒゲはなんと「これ見送ってもすぐ次があるもんねププププ」の小馬鹿煽りちょろりヒゲだったのだ。あかん、人をおちょくるのもいい加減にしいや。どないしたろか小童。

私は密かに「春しか買わない作戦」を立てる。そうすることでかぶの「二旬持ち」の自尊心をへし折るのが狙いだ。しかしこれは諸刃の剣で、春しか買わないというのを強調するには、春にかぶを買う頻度を上げることになってしまう。ここは冷静にいきたい。売り場で、できるだけ真顔でかぶを手にとる。大きい。通常よりも、ずしっとしている。確実に旬を迎えてやがる。種類問わず、旬の野菜を買うときの「いやん旬やわ〜ん」というオバハン喜びが体を駆け巡りそうになる。そこをぐっとこらえ、かぶを買い物かごに入れたら、そのあと即座に新玉ねぎと新じゃがを投げ入れて、かぶを挟む。なめとったらあかんでい、旬はあんただけちゃうんやからなあ！

スーパーからの帰り道、カフェテラスで子どもを幼稚園に迎えに行く前のティータイムをしている主婦二人が見えた。主婦Aが、

「ほんと下の子も〜、たまたま運が良くって同じ幼稚園に入れて〜、私〝ひき〟が強いのよね〜」

と言っているのが聞こえた。私はぴくっとして、立ち止まる。みるみるうちに主婦Aは夢に出てくるあのネズミに変貌した。主婦Aの声が、だんだんと高くなっていく。キュリキュリキュリキュリ。「持って生まれたものなのかしら〜」。キュリキュリキュリ。その音に弾かれたように、私は袋の中のかぶを摑んでいた。ひき？　なんやその実態のわからんものは、え？　一回こっきりの人生で、そのなんや、ひき？　キュリキュリ？　が君にはあって、私にはなかったです残念、で諦められると思うか？　アホ言うたらいかんぞ、そもそもかぶを植えたんは爺やぞ、その爺の最初の支援者は婆や、それを横取りする権利がなんでお前にはあるんじゃあ！

腕を振りかぶって摑んだかぶを主婦Aに投げつけようとしたとき、ふと手が止まった。まさしく旬であるそのかぶを、丁寧に植える爺の姿が浮かんだのだ。

きっと爺は、巨大なかぶを引っこ抜いた後も、慢心することなく、そしてネズミの活躍にも目もくれず、毎年毎年かぶを作り続けていたのだろう。あり余るはどの愛情を受けたかぶは、そのせいで旬が二回になったのだ。私は腕を下ろし、袋にかぶを戻した。

家に着く手前、近所で桜の花がつぼみをつけていた。まもなく春本番である。私は携帯を取り出し、「かぶ　春と秋　調理　違い」と検索しかけて、消した。次の旬までは時間がある。まだしばらく、喧嘩しているのも悪くない。

（二〇二〇年三月二五日公開）

「両親を愛するようにして、歴史を愛している」

大きくなるまでのあいだに、私の心をとらえたたくさんの「わからないこと」は、主に言葉だったような気がする。皆と同じように「なんで勉強せなあかんの?」「宇宙はどこまであるん?」などといった、あるある疑問もおそらく一度は抱いただろうが、記憶が曖昧ということはあまり魅力的ではなかったようだ。「?」のなかに怒りや悲しみ、漠然とした不安が付随していて、沈んだ気持ちになったからかもしれない。

それとは違い、「鉛筆の〝HB〟ってなに?」と考えたことは、なぜかしっかりとした輪郭をもって記憶に残っている。この不思議な二文字にはどんなストーリーが込められているんだろう、と思った。文字が金色で刻まれていることにも惹きつけられた。その後すぐ、大して仲良くもない席が近いだけのいけ好かない男の子（歯医者の息子）からHard Blackというそのまんまの意味の言葉の略だと教えてもらい、「なんやぁ」と言いながら、「想像を超えてけえへんかったな」という表情をその子に向けたところまでセットで記憶している。

中学生にもなると、親は自分の得意ジャンルのことについては意気揚々と教えてくれたが、大して知識のひけらかし甲斐のないものは「辞書ひけ」と一蹴された。

「宗教ってなに？」

「辞書ひけ」

「ぶんきんたかしまだってなに？」

「辞書ひけ」

「69ってなに？」

「知らんでいい」

「くろさわ映画ってなに？」

「それを語るにはまず観とかなあかんのが五本あってやな……」

といった具合である。返答率が〇％でもないため、私もしつこく「なになに攻撃」をやめなかった。高校生になって「戦争はなぜ繰り返されるのか？」を差し置いて「ワルサーP38ってなに？」と言っていた頃あたりに電子辞書を買ってもらい、分厚い紙をめくる機会は減った。

今でも、わからない言葉に出会ってはネットで検索ばかりしている。たった八〇年ほどの人生でインプットできるものには限りがあるが、諦めずにできるだけ取り込んでいく他ないしなぁ、と思っている。

そんな中で、ずっと私の心を摑んで離さない「わからないこと」が、司馬遼太郎の言葉である。『二十一世紀に生きる君たちへ』（世界文化社）の冒頭になにげなく書かれていた、

「両親を愛するようにして、歴史を愛している」

という一文。言葉はわかるが、どういうことかわからないのだ。

歴史小説に夢中になっていた二二歳のときに出会ったこの言葉は、当時はまったく理解できなかった。「難しいことを言ってるわけではないはずなのに」という気持ちが、さらにこの文に執着させた。まず自分がどのように両親を愛しているのかがわからない。深く？　ガバッと？　などと考えてみても、どれも浅いような気がした。

そこで私は、この言葉を自分の成長の尺度として使うことにした。歴史にまつわる本を数冊読むと、「もうそろそろあれを理解できるようになったかな？」と考える。それでも結局まだわからないと首を振り、母の日にもお祝いカードを書きながら、歴史への感情と共通しているところはないかと考えて、「長生きしてほしいな、歴史に。歴史に？」と、頭がこんがらがったりする。

私が愛の質感を理解できるようになるのは何歳になるのか。今のところなんとか導き出しているのは、どちらも「ありがたい」ということぐらいである。なぞかけだとしたらひどいクオリティだ。

ふと思ったが、「なぞかけ、ってなに？」といつか子どもに聞かれたらどうしよう。なぞかけってなんやっけ？　なんでやるん？　答えが出ないうちは、とりあえず「辞書ひけ」で逃げることになりそうだ。

（二〇一九年六月二六日公開）

「こいつの足くさいから洗ってんねんー！」

兄ちゃんがいる。二つ上の、調子がいいことだけが取り柄のヘラヘラした人間である。親父はことあるごとに「あいつには芯があらへん」と、なぜか嬉しそうに言っていた。嬉しそうなのがいつも腑に落ちなかった。

小・中学はサッカーでキック&シュート、高校はバンドでロック&ロール。大学へ入ると同時にバーでバイトを始め、シェイカーを振る音が青年期の訪れを告げるファンファーレとなった。「なんか楽しそうモテそうカッコ良さそう教」信者の兄ちゃんは、お酒をエンジンにして遊びも女も好奇心の赴くままに満喫し、その後当然のようにバイト先に就職した。今は結婚して三児の父となり、私の元にはバカ甥が屈託のない笑顔でウンコの唄を歌っている動画が送られてくる。

確かに、シャーペンほどの芯すらない。どうやって立っているのかも不思議だ。こうなってくると、あれほど芯がない男を支えてそれらしく見せている背骨にも罪があるような気がしてくる。

彼の人生においてなんの区切りでもない結婚式も軽やかに行われた。披露宴で司会の女性が「新郎はお酒の世界に魅了され、その道を極めることを決意し……」と紹介したときには、家族全員が吹き出した。母だか叔母だかが「ええように言うな！」とこぼしたので、また吹いた。おねえさんはお金をもらって、誰も求めていない「ないはずの芯」を律儀に拵えていた。悲しい大工さんだ。男女が愛を誓う場にトンカチは不釣り合いだと、教えてあげれば良かったが、それもあとの祭り。

そんなハッピーマンを尊敬することはもちろん一度もなかったが、いつも愉快にふわふわ生きているその姿を、眺めていて飽きることはなかった。そしてこの世の全ての弟と妹がそうであるように、年長者の吐く言葉に触れ、解釈することで、少しずつ自分の世界を増やしていった。

古い記憶がある。学校から帰った小学生の私は、家の前のホースで友達と水遊びをしている兄ちゃんを見た。二人ともこれでもかというほど笑い転げ、水しぶきとともに弾けていた。私は聞いた。

「何してるんー?」

兄ちゃんは言った。

「こいつの足くさいから洗ってんねんー!」

友達は言った。

「そやねーん!」

「こいつの足くさいから洗ってんねんー！」

目眩がしそうなほどバカな会話だ。それでも、家のドアを開ける手が止まった。あ、言ったことない言葉、と思った。

足が臭い友達が欲しいわけではない。まじで要らない。何でも言い合える相手が欲しいのとも違う。でも「洗ってんねんー！」もその後の「そやねーん！」も、どんな口触りなんだろうと想像した自分がいた。私も二年経てば。いや、そんな場面は訪れないだろう。女の子が友達に対してネガティブなことを告げるとき、あれほどの明るさは伴わない。さらに受け手が自虐を覚えるのはずっと先だ。当時はそんなふうに分析はできなかったが、そんなうっすらとした予感が、二人の水浴びから目を離せなくしていた。

コントで迷うことがある。医者を演じることはつまり、女医を演じることになってしまう。意味合いが大きく変わってくるのだが、女が演じるのだから当然だ。そんな当たり前を、うまく咀嚼できない。私はコントで、聴診器を使って遊びたかっただけだ。私はコントで、友達の足を洗いたいだけなのだ。

兄ちゃんはかつて付き合っていた彼女に浮気がバレて、買ったばかりのパソコンを真っ二つにされたことがある。

私「どうしたんー？」

彼女「パソコン割ったってんー！」

兄ちゃん「そやねーん！」

とはならない。

実際は、兄ちゃんが泣いて謝ったらしい。何の価値もない涙である。

（二〇一八年六月二七日公開）

「売れたら、どの番組に出たいですか？」

芸人になってもうすぐ一〇年が経とうとしているが、テレビや芸能界に対して抱く感情が、小さい頃も今もさほど変わっていないな、とふと考えた。そしてこの自己認識には、多少の気持ち悪さが伴った。そんなはずはないと思うからである。しかし、数少ない番組出演の中で得られたものがほとんどと言っていいほど手の中に残っておらず、現在もアプローチの糸口を摑んでいるようないないような、少し首をかしげたように過ごしているといった頼りないこの状態が、かつて思い描いていたものとの違和感を、今の自分にどうやら感じさせていないようである。

テレビの世界には面白い人や綺麗な人がわんさかいて華やかだが、その一方で仕事は仕事。その場で求められる能力が高い人が偉い。莫大なお金も動く。黒い部分も少なからずあるだろうけど、そんなことはもちろん周知の事実。売れたらその時点でゴールなわけでもないし、栄枯盛衰、常に不動のものはない。面白い番組も視聴率が悪ければガンガン終わる。

こう書いてみると、さも私が昔からテレビになんの理想も持たずに冷静に見ていたように思える。そうではない。「目が悪くなるから離れろ」と言われるくらい、文字通りかじりつくように見ていた日々は決して短くはなかった。では私は今まで、一体テレビの何を見ていたのだろうか。

思い返せば、多くの場合それは「ライブ」だった。お客さんが入った状態での漫才番組やトーク番組、そしてそもそもが劇場の舞台で行われている新喜劇。ダイレクトに反応が返ってくることで、演者はお客さんからその瞬間瞬間に必ず「ウケ」というジャッジを下されていた。そのジャッジは他のどんな番組と比べても、とてもクリアでシンプルだ。そして、それを見ていた私を含むお調子者の中学生たちは、友達（客）がいれば演者になれることを知った。そして、演者になることに夢中になる。毎日が彩られていくのを肌で感じた。

そう、テレビは面白いし、何よりありがたいものだったのだ。いわば生きる上での楽しみ方を教えてもらっていたようなもので、「飛び込みたい場所」とは考えていなかった。芸人になりたいは、そんな休み時間をずっとしていたいと同義だったように思う。そんな具合であるものだから、芸人になって以来、オーディションや取材で何度も投げかけられて何度もぶち当たってしまう質問がある。

「売れたら、どの番組に出たいですか？」

これだ。これにはとにかく閉口する。出たい、と思ったことがなかったからである。しかしキャスティングする側からすれば当たり前の質問であり、何をやりたいのかはハッキリと明示してもらわないと困る。でもこちらとしては、適当な番組名を言うことの不誠実をなかなか振りかざすことができないもので、とても歯切れが悪いとはわかりながらも「うーん、そうですねぇ」となってしまい、毎回なんとも言えない顔をさせてしまうのだ。やりたい番組ならあるんですが……というところまでは、ぺーぺーは到底いけない。

数年前に、売れた先輩とまだ売れていない先輩と私の三人で、食事に行ったことがあった。売れた先輩が仕事での苦労を話したあと、売れていない先輩が不満そうに「ちょっと！　売れたなら、もっと楽しそうにしてくださいよ！」と言った。

売れることだけを目標にしている身からすれば、売れても辛いという現実は受け入れ難く、その言葉はとても切実だった。「色々あるんだよ」と漏らした売れた先輩の言葉も、私には「思っていたのとちゃうかった」と言っているように聞こえた。私はどちらの気持ちにも寄り添い切れず、目の前にあった、売れていない芸人なら誰でも大好きな唐揚げが、手をつけられることなく冷めていくのを眺めていた。唐揚げは、頼まないか、ばくばく食うか、二択でないとあかんよなぁ、と漠然と思っていた。

それにつけても、媒体はネットを中心に広がっていくばかりだ。お笑い番組が少なくてやりたいことをやれない、は言い訳にしかならない時代がきた。テレビで見てきたものと、これから表現していくものは、どんどん異なってくるかもしれない。何を指針に、どのフィールドで、いかようにして。2W1H。

楽しく売れることを目指すことは、良くないことだろうか。

（二〇一八年一〇月二四日公開）

「はじめましてぇ～いや～うひょひょ～！」

一般的に、人によって態度を変えることは良くないこととされている。たいていの場合はそうかもしれない。嫌われやすい性格、というテーマで話すときも決まってこの項目が挙げられる。

代表的なものでいうと、部下には厳しいが上司にはこびへつらう男性、異性の前では極端にぶりっ子になる女性、などだろうか。世間の好感度は高いがスタッフには高圧的な芸能人、なんてのもある。こういった他人の二面性に嫌悪感を抱くのは、その人のより本性に近い側の一面に接触したときや、それによって自分が実害を被ったとき、そしてその人が取り繕った態度によって、能力以上の評価を受けているのを目の当たりにしたときなど、いろんな場合がある。

自分はどうだろう、と考える。人によって態度を変える場面。

ある。情けないけど、確かにある。

しかし、愛ゆえに意図的に変えるパターンも存在する。「久しぶりに家族揃っておばあちゃんの家に行ったとき、過度に無邪気ぶってしまう」のがそうだ。

これはよくあった。急に成長した私をみて、時の流れの早さにさみしさを感じてしまうかも、と考え、出されたごはんをむしゃむしゃ嬉しそうに食べる。「お菓子もあるから、好きなだけ食べや」と言われ、私は文字通り「わーい！」と言う。「わーい！」て言うてるで私、と内心では思うけど、悪いことをしている気はない。おばあちゃんの喜ぶ顔が見たいだけだ。万が一「こいつ、私の前でめっちゃ無邪気ぶってるやん」と思われていたらとてつもなく恥ずかしいけど、それは考えないようにした。

私はおばあちゃんがかつて、おばあちゃんのおばあちゃんに無邪気ぶっていたところを想像する。あまい。全然無邪気じゃない。「私はそんなもんやないで」と闘志を燃やし、胃が千切れそうになるまで、出されたものを夢中で食べる。家に帰って寝転がり、「いや〜今日は無邪気ぶったでほんま」と言う私に、オカンは「あほ、小遣いもらおうとしただけやろ」と邪推した。おそらくオカンは「孫に比べて、感度の低い嫁」という目で見られた、という実害を被ったことに腹を立てていたのだろう。が、私は一人勝手に良い孫ができたことに満足していた。

一方で、メリットもなければ腑にも落ちていないパターンがある。「付き合っている人の女友達に会ったとき、ザコキャラを演じてしまう」というのがそうだ。これは、なんだ。

過去、覚えている限りこういう場面が三度ほどあった。その度に私はとにかくザコキャラになった。ザコキャラ、って。正直ザコキャラという言葉が合っているのかも自信がないけど、あのときの態度は他に言いようがない。

最初は高校生のときだった。付き合ったばかりの時期に、違う高校に通っていたその人と、学校帰りに駅で待ち合わせをした。隣に、その人と同じ制服の知らない女の子が立っていた。

「クラスの友達やねんけど、会いたいって言うから〜」と紹介され、「はじめまして！」と言った女の子は、私のつま先から頭のてっぺんまでゆっくりと視線を這わせた。「ド、ドラマとかで見たことある目線！」と思い、焦った私はとっさに「はじめましてぇ〜いや〜うひょひょ〜！」みたいなことを言った。言い終わらないうちから「違う」という声が脳内に響いていたが、どうしようもなかった。一〇分ほど立ち話をしたが、こけしのように小刻みに首を揺らし、ヘラヘラと相槌を打つことしかできなかった。女の子とはその駅で別れたが、恋人にうひょひょ感を見られたショックで、その日のデートは会話もうまく弾まなかった。

次の日、クラスの友達に話すと「なんやその女！」「威嚇せんかい！」「彼女らしく余裕ぶらんと」「うひょひょ、はまじで違う」と散々な言われようだった。そして一人の友達が「あんた、勝負から逃げたな？」と言った。私は雷に打たれたような衝撃を受けた。そうか、例の「上下目線這わせ」に臆し、私は一〇分一本勝負の試合を棄権したのか、と反省した。次こそは、と思ったが、大人になってからもその場面に出くわすたび、結局私は、うひょひょ感いっぱいのザコキャラで、危険を回避している。

今でもつい、駅の改札口で男一女二の組み合わせを見つけては、「態度の変化」の正解を探してしまう。

（二〇二〇年九月二三日公開）

「最後に顔にかける布には絶対アイロンあててください」

部屋の片付けの途中に、写真やら書類やらを見返して手が止まるのは、誰でもよくあるだろう。私も例に漏れず、去年の大掃除では棚の整理を中断して、そのままどかっと腰を下ろしてしまった。デビュー当時から書きためているネタ帳が目に入ったのだ。普段めったに開くことはないが、一度パラパラとめくり始めたら止まらなかった。一冊ずつ遡ってノートを見ていく度に、ため息とも笑いともつかないよくわからない声が洩れる。とにかく、書いてあることが呆れるぐらい変わっていないのだ。

それが日記であれば、昔の事柄や感情を思い出して胸が熱くなったりするのだろうが、ネタ帳ではそうはいかない。脈絡のない謎の一文や、ビックリマークがつきすぎた奇声など、やる気ばかりをちりばめたアイデアの破片があるだけで、それを読んでもどんなネタだったかさっぱり思い出せない。だが、乱雑に書かれたノートの中で頻繁に見かける単語は、今とほとんど同じだった。驚いたことに、二〇一二年のノートにすでにアイロンが出てきている。「スチームでアイロン」と書いてあった。これは決して日記ではない。普段はシャツの皺なんて放ったらかしだ。

そう、私はアイロンが面白くて仕方ない。これは口では説明できないが、どういうわけかアイロンがツボなのだ。ノートにはことあるごとにアイロンアイロンと書きまくっている。それはわかっていたが、しかしこれだけ前から言っているとは。なかなか年季のはいった立派なツボのようで誇らしくなったが、少し不安にもなる。私はいつまでアイロンを面白がれるだろう。歳をとると急に穴子や湯葉なんかが美味しいと感じる瞬間がくると聞く。マックのポテトはあまり食べなくなった。怖い。味覚と同じように笑いのツボも変化していって、いつかアイロンと戯れた日々のことを忘れてしまうんじゃないだろうか。そういえば最近ちょっとだけハンガーも気になりだした。やばい。最悪だ。そんなのは私じゃない。死ぬまでアイロンにそばにいてほしい。遺言に、「最後に顔にかける布には絶対アイロンあててください」と書いて、「もっと言うことあったやろ！」と家族が言うのを、先に逝った諸先輩たちと天国から笑いたい。同じように、アドバルーンとも、製鉄所とも、できればずっと一緒に遊んでいたい。

ちなみに、当時の一過性のツボだったらしいネタの切れ端が、なんとなく自由律俳句のようだったので、ここで少し外の空気を吸わせてあげたい。

このソックタッチに誓え、とマコちゃん

「粋」の算出は今はいい？

大して破顔することもなくコーヒーゼリーを

言っておくが、あくまでかわいいのは自分のツボだけである。誰かがもしフライパンで笑っていても、それは絶対に「何がおもろいねん」で一蹴する。

（二〇二〇年一月二二日公開）

「埼玉西武ライオンズ（複数形）vs オリックス・バファローズ（複数形）」

ひょんなことから西武戦のチケットをもらった。そのとき検索するまで西武が首位であることも知らず、西武といえばパ・リーグよね、と頭の中で確認し、ようやく、あぁそういえばプロ野球はこんな暑い中も毎日試合してたんだっけな、と思い至ったレベルである。それでも、私の足は軽快に球場へと向かった。国民は高校野球に夢中で、甲子園に比べると埼玉は少し東だが、まあかまわない。出かける口実さえあればいい、というのが、まともにお勤めしていない人間の夏なのである。

二〇一八年八月一六日（木）

埼玉西武ライオンズ（複数形）vsオリックス・バファローズ（複数形）

先発投手
今井（回文）vsディクソン（しりとりの果て）
今井は背番号11（素数）、二年目の若手である。
一方のディクソンも11（素数）月生まれ。
運命的な巡り合わせとしか言いようがない。
一回表　オリックスの攻撃（大義名分：仕事なので）
中島のタイムリーツーベース（スリーダーシ）
オリックスが一点先制（ホームベースちょっと汚れる）
一回裏　西武の攻撃（大義名分：まわりに急き立てられて）
源田のスリーベースヒットが出るも生かせず（徹マン明け）
四番の山川もセンターフライに終わる（全国の山川、遺書を書く）

西武ドームと認識していたその場所は、山川のセンターフライにつられて頭上を見ると、でかでかと《メットライフドーム》と書いてあった。ホームベンチもいつの間にか三塁側になっている。それでも、なくなったものに感傷にひたるタイプではない。最後にここへ来てからもう一〇年は経っただろうか。変わらないものもある。内野席の上にずらりと並んだ売店、帰りたいとぐずる子ども、歩合制度がつくりだす売り子のはじける笑顔。スタンドと屋根の間が空いていて、そこから入る夜風が気持ち良い。強い風が吹くと、さっきまで野次を飛ばしていた威勢の良いオヤジが慌てて帽子をおさえる姿がおかしかった。球場のすぐ裏にある木に止まっているセミが、応援団の声に負けじと鳴いている。頑張れよ。ここからだ。頑張れライオンズ。頑張れセミ。頑張れ、俺。

みたいなことを考えていそうな痩身のサラリーマンが、攻守交代の間にバックスクリーンに映ったが、一瞬のうちに若いカップルに切り替わった。（スイッチャー、バーガー片手に作業）

互いの投手が好投し、試合は動かぬまま六回。

六回裏　西武の攻撃（大義名分：もう始めてしまったことなので）

1アウト二、三塁で四番・山川、見逃し三振（全国の山川、遺書を清書する）

満塁で迎えたチャンス、六番・外崎に打順が回るがサードゴロ（外崎の靴が外崎以上に悔しがる）

七回裏、オリックスは投手・ディクソンに代わり、山田（山田て）

打たせて取り、この回も無得点（雀ってん）

八回裏　オリックス投手・山田に代わり、岩本（山田て）

1アウトランナーなしで山川、三四号ホームラン！（全国の山川、遺書とケーキを一緒に焼く）

チャンスはなおも続き、2アウト一、二塁で代打・栗山（バットの先は印鑑）

オリックス投手岩本に代わり、山本（山田て）

ここで栗山がライト前ヒット（押印）、三塁ランナーの森が走り、バックホームで懸命にタッチを狙うが、判定は、セーフ（この瞬間、視聴率が奇跡の〇％）

今年から導入されたリクエスト制度により、映像判定に。その結果、アウト。一対一のまま延長一二回、引き分けで試合終了。

試合終了後、ベリーグッドマンが登場し、選手のために書き下ろした「ライオン」という曲を歌い上げた。（ほぼホーミー）

結構楽しかった。

（二〇一八年八月二二日公開）

七瀬

知人が夜中に海外ドラマ「ゴシップガール」を観て、仕事で溜まっているストレスを発散していると聞いた。とにかく観てくれというので、よほど痛快でスカッとする作品かと思いきや、ドロドロの恋愛ものだったので驚いた。彼女は嫌なことを吹き飛ばすのではなく、まるで胃液で食物を溶かすかのように、ドキドキ感から分泌されたアドレナリンでストレスを包み込み、ゆっくりと融解させていっているのだろう。登場人物たちのお決まりの三角関係が勃発するとき、彼女のストレスがとろとろと溶けていき、次第に輪郭が頼りなくなっていく様子を想像する。次の日にはまた、溶かされるのを心待ちにしたストレスご一行様が、ひとかたまりになってやってくるのだ。彼女にはドラマの続編よりも長期休暇をあげたいものである。

それはそうと、主人公の彼氏の名前がダン・ハンフリーというのが気になった。ハンフリーといえば、真っ先に浮かぶのはもちろん「カサブランカ」のハンフリー・ボガート。そうか、ハンフリーというのは姓と名のどちらの場合もあるのかと気づく。日本でいうと何だろうか。七瀬？　ハンフリーと七瀬ではどうも質感が違ってイメージが湧きにくい。

調べてみると、姓でも名でも使えるのはハンフリーだけではなかった。モーガン、キャメロン、デイビス、スミス、ジョーンズ……わんさか出てくる。「姓でも名でもパーティー」の始まりだ。

会場では、みんな楽しそうに談笑しながら宴を楽しんでいる。空いているテーブルの数をみるかぎり、これからまだまだ人数は増えそうだ。会場の隅で、七瀬が一人淋しそうにソフトドリンクを飲んでいる。入り口で、「ゆうき」が警備員に止められている。どうやら漢字やスペル違いでは参加できないらしい。遅れてきたクーパー、パーカー、カーター、ベイカーのグループが急いでクロークに計七本の伸ばし棒を預けている。気の優しいモリスが、七瀬に話しかける。七瀬は自分を知ってもらいたくて、説明しようと「seven……」と言ったところで口をつぐむ。七瀬は、「瀬」を訳せない。

そのとき、誰かが息を切らして会場に飛び込んできた。

「泉！！」

七瀬が駆け寄り、二人は嬉しそうにハグを交わす。七瀬はモリスに泉を紹介しようとするが、またもや「Izumi means……」と言って黙ってしまう。泉は笑って、「泉」とだけ言う。モリスも笑って、「Izumi!」と言う。

にわかに会場に軽やかなベルの音が鳴り響き、皆が話をやめて壇上を向く。主催者のリーがマイクを手に取り、「メリー！！」と言うと、皆一斉に「クリスマス！！！」とグラスを掲げた。するとリーが「あ、違う違う、会場にいるメリーを呼んだだけ」という趣旨のことを、驚くほどむかつく言い方で言い、全員が最高潮に苛立ったところでゆっくりとスクリーンが降りてきて、ゴシップガールが大音量で流れだし、みんな釘付けになった。

（二〇一九年一二月二五日公開）

「チョロギです。美味しいです」

チョロギはシソ科の植物の茎の部分だそうで、真っ赤なイモ虫、と形容するのがぴったりなモムモムっとした見た目をしていて、ぎゃっとするほど気持ち悪い。大きさは、大きいやつで「まあまあ大きいといえば大きいネジ」くらいの大きさ、小さいやつで「まあまあ小さいといえば小さいネジ」くらいの大きさ。要領を得ないが、とにかくストレスなくつまめるサイズ。指はちょっと汚れる。それがチョロギ。

味はよくある梅のお菓子だけど、フォルムの奇妙さと食感の裏切り具合は他の追随を許さない。お菓子とは思えない心がざわつくその見た目に、おそるおそる口に入れると、ぷにっとした感触が舌と歯の先に伝わったのも束の間、すぐにカりっとした食感がやってくる。そのとき誰もが気づく。チョロギというのは、梅のグミとカリカリ梅、最強の二つを続けて味わえる、両A面シングルだということに。そして感動しながら思う。

「テンポ早めの拍手してぇ〜！」

実際にはみんな、ギリギリのところで我慢する。

私とチョロギの出会いは突然だった。夜遅くに作業場で企画の打ち合わせをしていたとき、机の真ん中にはそれぞれが持ち寄ったアメやらラムネやらが無造作に置かれていた。アイデアが煮詰まって、ふといつも食べているお菓子を手に取ったとき、その下に見慣れない水色のパッケージが見えた。

「チョロギ？　なにこれ？」

すると持ってきた本人が「チョロギです。美味しいです」と答えた。本来なら「説明になってへんがな」というところ、チョロギという謎の響きに誘われて黙って手を伸ばした五秒後、私はチョロギの虜になった。

次の日、近所のコンビニに数軒寄って探してみたが、チョロギは売っていなかった。前日チョロギをくれた彼女に「チョロギってどこに売ってんの？」とLINEしたら「チョロギです。美味しいです」と返ってきた。だめだ。これは自力で見つけるしかない。私は、お菓子屋や百均や死にかけのスーパーを回って、ようやくチョロギと書かれた商品を見つけた。がしかし、昨日みたパッケージとは違っている。私は一瞬だけ迷ったが、チョロギを見つけた喜びが上回り、結局三袋買って帰ることにした。

家についてすぐに食べてみる。ん？　美味しいのは美味しいが、食感がただのカリカリ梅で、最初のぷにっがない。見た目も昨日食べたチョロギと比べてイモ虫感が少ない。これだと話は変わってくる。カリカリ梅だけを食べたいなら、あのまんまるふくよかなやつを買えばいいのだ。残念に思ってネットを調べると、私が初めて食べたのは、いくつかあるチョロギのうち、村岡食品のチョロギだったことがわかった。

ムラオカのチョロギ。私は口に出して言ってみる。良い。ただのチョロギより、ムラオカのチョロギのほうが、思いを寄せる相手としてふさわしい気がする。友達に好きな人のイニシャルを打ち明けるときも、CよりMのほうが選択肢が多くて盛り上がるに違いない。嗚呼、ムラオカのチョロギ。こんなウキウキした気持ちは久しぶりだ。仲のいいお菓子たちにはムラチョロと呼ばれているんだろうか。それともムッチョ？　次はいつ会えるだろう。もういっそ、募るこの想いを曲にしてリリースしたい。もちろん両A面シングルで。

リリースついでに、ムラオカのチョロギのCMに出たい。ウクレレで奏でるスローテンポの「つまめ、恋」が流れる。晴天の下、畑に風が吹いて草の間から私が顔をだす。キョロキョロとあたりを探している。遠くで土を耕している日焼けしたおじさんがこっちを向いて「お～い！　なに探してんだい？」すると私はカメラを見てにっこり微笑む。

「チョロギです。美味しいです」

（二〇二〇年四月二二日公開）

「雑談もせずに、」

週の半分は人と会って打ち合わせをしている。大人はもう何かと言えば打ち合わせである。催すなら打ち合わせ、進めるのも打ち合わせ。なんなら滞るのも「どうやって滞ります?」で打ち合わせ。「打ち合わせします?」そうですねぇ。「打ち合わせるかどうか、一回ごはんでも食べながら……」「ちょっと! それは打ち合わせに入りますよ! ピピー!」でお縄。打ち合わせからは、どうしたって逃げられないようにできている。

そんなわけで私もスケジュール帳だけは一丁前に黒かったりして、さびしい銀行口座と見比べては毎月「ふぇ〜〜〜〜〜」と言っている。「ふぇ〜」ではなく、「ふぇ〜〜〜〜〜」と長めに言う時間があるところが、真に忙しいわけではない証拠になっている。

とは言いつつも、打ち合わせは別段嫌いではない。長時間にわたる不毛な会議には辟易するが、顔を突き合わせて他人とアイデアを出し合う作業は楽しいものだ。ゆっくりと冷めていくコーヒーも好きだし、お気に入りのボールペンの出番もたくさんある。さらに空調が最適温度だという状況が加われば、そこは決して悪い空間ではないと思っている。思っているのだけれど、その好印象は、相手には伝わっていないらしい。

とある後輩芸人とファミレスで待ち合わせをして、ライブの打ち合わせをしていた。話をしはじめて二〇分くらい経った頃、ふいに「加納さんって、この後予定あるんですか?」と聞かれた。「ないよ、なんで?」と返すと「いや、雑談もせずに、すぐに本題に入ったんで。早く切り上げたいのかなって」と言われた。なるほど確かに、と思い、「最近、どうなん?」というカスみたいな質問をしたら、「無理やり聞かなくてもいいですよ」と気をつかわれ、雑談はそれきりで終わった。

打ち合わせはスムーズに進んだのだが、その帰り道、どうも良くないことをしたような釈然としない気持ちになった。後輩の「雑談もせずに」が私には「野暮ですね」と言っているように聞こえたに違いない。私は野暮だった。アイドリングトークもなく、直接本題にいくなんて。待てよ、あれがデートだったらどうなっていたのか。女子大生同士の会話で聞いたことがある。「あの人ったら、キスもせずに押し倒してきて〜」。うわー。完全にそれやん。私がしたことは、ムードもへったくれもない盛りのついた青年と同じなのだ。「最短でヤりたい」と思われた男と、「最短で打ち合わせしたい」と思われた私は、限りなく同じ顔をしていたに違いない。できるなら、時間を巻き戻して、二人が席についたところからやり直したい。やり直して、後輩が着ているありふれたシャツのひとつでも「よく似合ってるね」と褒めたい。

とそこで、野暮とは何かと考えた。私はずっと野暮なのだろうか。辞書を引くと「遊里の習わしに通じていないこと。」とあった。遊里やん。私が野暮だったのは、打ち合わせという「仕事」の場においてである。となるとそれは別に野暮ではないのである。そう思うと、だんだん腹が立ってきた。なんやあいつ、先輩を遊里の習わしに通じていない奴扱いしやがって。私は効率的に話し合いたかっただけや。なんも野暮なことはないんや。絶対そうや。

昔からの友人と久しぶりに映画に行くことになった。前日LINEがあって、「またいつもの現地集合現地解散?笑」と来た。「ふぇ〜〜〜〜」とだけ返した。

（二〇一九年三月二七日公開）

「ベンチリーさん⁉　ベンチリーさん⁉」

友人二人が映画のメイキング映像について議論しているのを聞いた。

一人は「本編を見るよりワクワクすることがある」と言った。上映中にも、今のシーンはどのように撮影されたのかが気になり、物語の展開よりも意識がそちらに向いてしまうという。その人にとっては、DVDの特典でついてくるメイキング映像を見ることが何よりの楽しみとなる。

一方もう一人は「興醒めする」と言い捨てた。撮影の裏側を見ることは、映画の世界に浸っていた自分を現実の世界に戻すことだと言う。加えて、きわめてファンタジー色の強い映画などは、はじめから観る気もしないらしい。「ありえない」と思うと同時に気持ちが離れる。手品に至っては「絶対にタネがある」時点でもってのほかと、頑なに存在を否定した。

双方の意見を聞いているあいだ、私はかつて観た「作品としてのメイキング」を想起していた。そしてその映画の主人公であるロバート・ベンチリーこそが、私がこの仕事を志すキッカケとなった人物の一人である。

映画のタイトルは『The Reluctant Dragon（おちゃめなドラゴン）』、一九四一年に製作されたディズニー映画である。実在の脚本家であるおじさん、ロバート・ベンチリーがディズニーの本社を訪れ、ウォルト・ディズニーに絵本『The Reluctant Dragon』の映像化をお願いしに行く途中で、社内で映像作りの様子を見学させてもらうという、セミ・ドキュメンタリー映画になっている。

ベンチリーさんは案内係のハンフリー君から逃げて、デッサン室やセル撮影室に忍びこんでいく。ベンチリーさんがたくさん寄り道をしてくれたおかげで、私はバンビに色が塗られるところや、ドナルドの声の録音風景を見ることができた。このとき、「大きくなったら私も絶対にこんなふうに作品つくる〜遊んでるみたいに見える仕事する〜」と心に誓った。余談だが、ハンフリー君が探し回るときの「ベンチリーさん⁉　ベンチリーさん⁉」というセリフのモノマネを兄ちゃんとよくやったが、土が悪いか水が悪いか、モノマネの種は一つも芽吹かなかった。さらに余談だが、これほどワクワクする映画が戦時中に撮影されたと聞いたときが、私が「欧米いかつ〜！」と思った最初である。（二度目は『ギャング・オブ・ニューヨーク』を観たとき、最近だと厚切りジェイソンのネタ終わりの「以上！」の声がデカすぎたとき）

結局『The Reluctant Dragon』は、ウォルト・ディズニーによってすでに映像化されていて、ベンチリーさんは大金を掴み損ねて妻に怒られる、というのが映画のオチである。

いつかすごい単独ライブを作ったら、その準備中にふらっとベンチリーさんが覗きに来てくれないかなぁと、夢をみたりもする。ベンチリーさんがやってきたら、笑顔で歓迎しながらも、裏ではこっそりハンフリー君に居場所をチクってやろうと心に決めている。

79　「ベンチリーさん!?　ベンチリーさん!?」

（二〇一九年一月二三日公開）

「タイトルだけで何がわかる、タコが」

二〇〇五年、国立国会図書館で児童ポルノにあたる可能性がある本の閲覧が禁止されたというのを、何かの関連記事で目にした。当時そのニュースを見たという覚えはなく、メディアでどの程度報じられ、議論が巻き起こったかはわからない。しかしそこは天下の国会図書館、該当するとみなされた本も処分されることはない。おそらく今も、私たちの目につかないような怖ろしいほど暗くてひんやりした奥の書庫に、丁寧に収蔵されているだろう。ザ行の棚かパ行の棚か。それともChildのCの可能性もある。棚の側面には、傷ついた子どもが泣いてるようなイラストが描かれている、ようなことは多分ない。

児童ポルノ規制のあり方を論じるのは他人に任せるとして、大事なのはそれらの選別時の様子だ。白いヒゲが床まで伸びたヨボヨボの老館長が法務省からの指摘を受けて、争う気配を寸分もみせず、即座に閲覧禁止という決断を下し、「じゃキミとキミで、お願いね。今月中ね」と持っていた杖で指して、選別作業要員に男二人を任命した。図らずも同期入社で犬猿の仲、犬塚（二七）と猿丸（二六）である。

犬塚は、時間をかけて一冊一冊めくりながら、明らかにアウトな本と、どうやらセーフな本、そして審議の余地あり、の三つに分けて山を積み上げていく方法をとっていた。かたや猿丸はパソコンに向き合い、本のタイトルの淫猥さで判断して、テンポよく表を作成していった。

「ありゃあ衝突するのは時間の問題だぞ」と、そこで働く誰もが思ったが果たして、その日はすぐにやってきた。

作業に取りかかりはじめてから二日目、最初に動いたのは、相手の効率の悪さにしびれを切らした猿丸だった。「そんなことやってっと終わらねーだろうが」と、座り込んで作業する犬塚の前に立って文句をつけた。一度は無視をした犬塚だったが、猿丸の「聞いてんのかよ」に弾かれたように顔を上げ、「タイトルだけで何がわかる、タコが」と睨みつけた。犬から発せられた蛸によって猿が鬼になり、アウトとみなされた本の山から、一番上の本を手に取って、床に叩きつけた。

「『みいちゃんのアキレス腱』がエロいわけねーだろ！」

「中を見てみろ、みいちゃんがこう言ってる。『アキレス腱以外全部見せちゃった……』これは桐島、部活やめるってよ方式だ。アキレス腱以外全部出してるんだよ」

「そんなタイトルじゃ誰も手に取らねーから関係ねぇよ」

「みいちゃんの気持ち考えたことあるのか」

「知らねえよ！　これに出すって決めたみいちゃんの親に言えよ！」

「そもそも児童ポルノの〝可能性がある〟かどうかを見てるんだ、十分これだって……」

「黙れ！　論理的に喋んなむかつく」

双方譲らずに、今にも摑み合いになるかと思ったそのとき、通りかかった老館長が、「アキレス腱は、えっちだねぇ〜」と言い残して去った。突如訪れた沈黙の中に、老館長が残していったほのかな仁丹の匂いが混じっていた。

ボスの性癖吐露によって選別作業に追加された本は数千にも及んだ。未成年選手のスポーツ記録に関連した本の棚はもぬけの空になり、二人は初めてくるぶしソックスの開発者を恨んだ。期限であった一カ月はとうに過ぎて、季節は春から夏へと変わった。いがみ合っていたことも忘れ、二人はひたすらにページをめくっていた。周りの職員は「すっかり働きやすくなった」と口々に言った。老館長は、没頭している二人の後ろにそーっと冷えたほうじ茶を置いて、これでもう思い残すことはないと、静かに微笑んだのだった。

あれから一四年。今年の遅い梅雨明けとともに迎えた老館長の命日には、お墓の前に、東京オリンピックの女子陸上の当選チケットが二枚、供えられていた。

（二〇一九年七月二四日公開）

「うちの店、潰す気かぁ！！！」

城下町という言葉に惹かれて、初めての一人暮らしは伏見桃山に決めた。駅を降りてすぐ東を向くと、赤い大鳥居が厳然として立っており、それを抜けると御（ご）香宮（こうのみや）神社への参道が、ゆるい坂道になって続いている。さらに上ると、伏見城である。駅の西側には、踏切を超えた先に明るいアーケードに覆われた大手筋商店街が見え、南北に走る近鉄電車の高架下には、立ち飲み居酒屋やおでん屋が賑やかに軒を連ねていた。町並みには歴史が感じられ、一八歳の私は目に入る景色全てが気に入った。これから始まる新生活が、楽しみで仕方なかった。

「うちの店、潰す気かぁ！！！」

という女将さんの怒鳴り声が、狭い店内に響き渡った。あまりの大声にカウンターで静かに呑んでいた常連のおじさんも、肩をピクッと動かし、手に持っていたタマネギ串をそっとお皿に置いた。

高架下の串カツ屋でバイトをし始めて二カ月ほどが経っていた。面接の際に女将さんから「厳しくすることもあるけど、頑張ってや〜」と言われたときから、うすうすヤバそうだとは感じていた。厳しくすることもある、と事前に申告してくる人の「そもそもベースが厳しい率」は一〇〇％である。「じゃあ結構です」ということもできず、おそるおそる働き始めたものの、せっかくの新生活が憂鬱な日々になる予感をひしひしと感じていた。

店内のBGMにはいつも、女将さんの好きなビートルズの「イエローサブマリン」がかかっていた。「もしかして潜水艦ってのが、高架に潜ってる店、みたいなことで関係あったりするんすか〜？」なんていう軽口は、あのつり上がった眉を見て言える人は誰もいなかった。三年前からこの店で働いているという二一歳のヤスさんは毎日のように怒鳴り飛ばされていたが、女将さんのキレ方は前兆なく最初からトップギアでくるのが特徴で、ヤスさんはそのときいつも一瞬キョトンとした顔をして、そこから慌てて反省の顔を作るのだった。それを見て、次に私がキレられるときは、キョトンはなるべく省こうと思った。

その日二三時すぎに来た三人連れのサラリーマンはすでに顔が赤く、どうやら二軒目のようだった。入ってくるなりカウンターごしに、「酔い冷ましに、うどん三つちょうだい」と注文した。私は「おおきに～！」と元気に応え、ヤスさんに「うどん三つお願いします～！」と伝えた。

一〇分ほどしてまもなくうどんが出来上がるというとき、三人は「ごめん姉ちゃん、やっぱり終電やから帰らなあかんわ」と言って立ち上がり、「せっかく作ってくれたのに悪いな」と謝って、うどん三杯分の一二〇〇円をカウンターに置いて店を出て行った。私とヤスさんは顔を見合わせ、まあ終電ならしょうがないかと、今日のまかないはうどんかな、と考えた矢先、裏で作業していた女将が戻ってきた。中途半端に出来上がったうどんとテーブルに置かれた一二〇〇円を見て「これなんや？」と聞いた。「あ、うどん出そ思たら、終電やから言うてお金置いて帰らはりました」と私が説明し終わらないうちに、「ええかげんにせぇ！！！」と雷は落ちた。

私はあれだけイメージトレーニングしていたのに、はっきりとキョトンから入ってしまった。女将さんは、驚くべき剣幕で「出してもない料理の代金とる店やて噂立ったらどうしてくれる？　え？　うちの店、潰す気かぁ！！！」とまくしたてた。急いで反省の顔にシフトしようと考えたとき、遮るように「今すぐ走って金返してこんかぁ！！」と言われたので、「はぃい！！」と言って私は一二〇〇円を掴んで店を飛び出した。

改札の前に着いたのは、終電が出たすぐ後だった。おそらくは三人のサラリーマンを乗せている電車が、むなしく頭上を過ぎていった。肩を落として、どうやって謝ろうかと思いながら元来た高架沿いの道をトボトボと戻っていくと、目の前の異変に気がついた。ゴゴゴと音を立てて、店全体がゆっくりと後ろへ下がっている。まずい。怒りを動力として、女将さんの潜水艦が動き出してしまった。私は焦って、店が高架下からすっぽりと抜け出てしまうギリギリに、店内に駆け込んだ。

道路に飛び出した船は、西に向かって進んでいった。私は「すいません艦長、私の足が遅くてお客さんにお金返せませんでした」と言ったが、「謝る理由がちゃうやろドアホ！！」とキレられ、船はさらにスピードを増した。そのまま南に進路を変え、古い町家が並ぶ通りに出た。由緒ある大きな酒蔵の前を過ぎ、かの有名な寺田屋の前を過ぎたところで、ここが城下町であることを思い出した。船が水路を目指していると気づいた頃には、前方に宇治川が見えた。かつて京阪をつなぐ水運の拠点として栄えた、伏見港であった。

宇治川の流れに任せしばらく南下したあたりで、女将さんはタバコをふかして潜れる水深かどうかを確かめはじめた。そこで船の速度が緩んだのを見て、私はもう一度、今度は味付けなしのプレーンな「すいません」を試してみた。が、そんなものは通用するはずもなく、「何がや?」とすぐにカウンターを食らい、窮した私は「……全部です！」と言うと、最高潮にブチ切れた女将さんが「お前もこないしたろかゴラァ！！」と、フライヤーの中に食材を思い切り投げ入れた。

私はキョトンなしで、これ以上ないくらいの反省の顔をキメたが時すでに遅く、「本場のあほんだらに、うちの串カツの味わからせたらあ！」という女将さんの勢いそのままに、船は猛スピードで淀川を走り抜け、やがて大阪港に突っ込んでいった。

「店の評判落としてすいませんやろが！」という解答を聞きながら、評判と物流、当時どっちのほうが早かったんだろうかと、沈みゆく船の中で、それだけを考えていた。

（二〇一九年一〇月二三日公開）

「みんなで勝ち得た、それでいいのさ」

芸歴五〜六年を過ぎたあたりから、ピン芸人という存在に対してうっすらと劣等感のようなものを抱きはじめた。その感情はどうやら芸歴を重ねるごとに強くなっているようだ。舞台袖で自分の出番を待ちながら、ピン芸人がたった一人で観客の視線を背負い、ネタを介して自分の世界を繰り広げているのを見て、自分はこのあと同じ「笑い」という種目に、卑怯にも二人掛かりで挑むのか、と恥ずかしさを覚えることもある。

もちろん、個人の芸をみせることと、社会の始まりともいわれる二人のやり取りをみせる芸のあいだには明確な違いがあるのかもしれない。それでも楽屋で壁に向かいながら一人でセリフに没頭している姿をみると、いつも「崇高」という言葉が浮かんできて、自分たちは対等に戦っていると胸を張って言えるだろうかと、もやもやとした気持ちになる。数年前、相方が出番に間に合わず、急遽ひとりでネタをしなくてはならなくなったときのあの緊張は、コンビでの初舞台や、人生初のデートの比ではなかった。そんな思いを、ピン芸人は常に味わっていると思うと、本当に頭が下がる。

それでもなお、私はコンビとして活動を続けていく。今のところそういう生き方を選んでいる。そうなってくると、否が応でも「コンビとしてのかっこよさ」を考えざるを得ない。人は誰でも自分の立場を卑下し続けることは、なんていうか、しんどい。しんどいのはやんなっちゃう。何としてでも「こっちはこっちでね、イケてるんだよ、へへん」と誇りを持たなくては、この先創作活動する上で都合が悪いのだ。

さりとて、である。世間でよく言われる「コンビ愛」なるものに焦点を当てても仕方ない。当事者からわざわざプレゼンするものでもないし、愛を商品化するのは私の仕事ではないはずだ。またイチローやカズのように、一つのことを継続していること自体に価値を見出せるのには、まだまだ時間がかかる。

では何があるか。「ボケの幅」という観点からみてみたらどうか。二人のほうが、いろんな角度から笑いを生めるのではないかという考察だ。しかし、それもどうやら厳しい。漫談にしかできない笑いも確実にある。こちらが「二人でしかできないコント」で対抗しても、向こうには「一人で二役を演じる」という武器もある。どちらに分があるか判然とさせるのは、なかなか簡単なことではない。

ふと、手柄、というキーワードが浮かんできた。もちろん芸人にとっての手柄というのは「ウケた」という一点のみであるが、ピン芸人はそれを絶えず一人占めしている。誰にも渡さないという強固な態度。なんともいやしい奴だ。

それに比べてコンビはどうか。いつもいつでも、ちゃんと分け合っている。立派だ。「自分もよくやったがお前もよくやった」である。もし出番直後の私のもとにインタビュアーがやってきて「だれの手柄ですか?」と聞いてきたとしたら、「ま、いいじゃないかそんなことはさ。お客さんが笑った。それでいいのさ。それで、満足なのさ」と、いたって涼しい大人な対応をすることができる。ピン芸人だとそうはいかない。「俺！　俺俺俺〜！」とまさに千切れんばかりに手をあげるに違いない。ああ、なんてみっともない。きっとピン芸人は学生時代、合唱コンクールの後の校長先生の「みなさんとても美しいハーモニーでした」という総括を聞いて皆が喜んでいるときに、「そんなことより俺の独唱パートは？　めっちゃ良くなかった？」と、自分だけの評価が得られなかったことに不満を持っていただろう。みんなに一つだけ与えられた表彰状にもいまいちピンとこなかったに違いない。そんなピン芸人の肩をポンポンと叩いてやり、「みんなで勝ち得た、それでいいのさ」と声をかけたのはもちろん、やがてコンビ芸人になる奴らだ。コンビ芸人は、他人のフォローもできる素晴らしい人格なのである。

ならばトリオ。トリオなんかは全然だめだ。なにせ三人で代わる代わるあーだこーだ言うのだ。そんなうるさいことはない。

結局やはり、コンビが一番だ。コンビでいながら、自分がネタを書いていることをしっかりアピールする。それが一番なのである。

（二〇一九年五月二二日公開）

「今日の朝ごはん、どっちの手でお箸持った？」

「私って成長したなぁ」と思える瞬間が、ごくたまにやってくる。気づいたときはとてもハッピーな気持ちになる。印象に残っているのは、どちらかといえば精神的なものではなく、いわば動物の進化のような実感であるものが多いかもしれない。例えば、「あれ、前までここで左手使ってたっけ？」と思ったとき。椅子に座った状態で足元の左足に近いほうに携帯電話を落とし、私はふと、利き手じゃないほうの左手で拾った。数秒経ってからそのことに驚き、「今までやったら絶対右手で取ってた！！　無意識に効率を優先することができてた！」と、心の中で大いに喜んだ。

赤ん坊の頃は歩けるようになったときも話せるようになったときも親が代わり

に喜んでいたが、それは良いとこ取りされていただけだったのだ。今は自分自身で喜ぶことができる。成長、そして進化というのはなんと愉快なことか。そうすると、これは特別なことではなく、口に出さないだけでみんなも同じような経験をしているんじゃないかというような気がしてくる。きっとそうだ。私はなんのトレーニングもせずにそうなったのだ。モノであふれたこの時代に、人類は利き手じゃないほうの使用頻度を上げてきている。いいぞ。この調子でまだまだいけるぞ人類。

ここで気をつけなければならないのは、努力して成長し得たものとごっちゃにしてはいけないということだ。きっとアウストラロピテクスも、努力して次のナンチャラ原人の名をゲットしたわけではない。気づいたらそこまで進化していたのだ。成長させたものは、外的要素を除いては「自覚のない経験」、これ一本のはずである。水泳選手も体操選手も他の人より優れた身体を持っているが、これは努力しているので当然であり、彼らの能力が人類のベースにはならない。生命の進化に突発的な努力を持ち込むのは邪道だ。生活の邪魔にならない程度に水かきが発達し、水中を自在に動き回り、みんなが「あれ、私いま背泳ぎやってた？無意識〜！　スイスイ〜！」となり、どんなぐうたらでも一〇〇メートルを泳ぐのに一分を切ることができるようになったときに初めて、堂々とこれは進化であると言えるだろう。

そこにいくにはまだ時間がかかる。一万年ではきかないかもしれない。今はまだ、利き手じゃないほうの使用頻度が上がっている人数が、どの統計学者の目にも触れることなく増えていっている段階だ。そう考えると、緩やかすぎる進化に歯がゆくなるが仕方ない。なんとかギリギリ生きている間に、せめて「箸占い」を見たい。「今日の朝ごはん、どっちの手でお箸持った？」という質問への答えで、一日の運勢を教えてもらうのだ。細かいのだと、三食分も聞かれるかもしれない。「右・左・左」なら「大吉」、「左・右・左」なら「凶」といった具合だ。それ以上の進化の見届けは、残念ながら次の時代に譲るしかない。

ふと、自分の中で退化しているものはあるだろうかと考えた。

精神面でそれはあった。不思議なことにそれは「成長」の皮をかぶっている。「前ほど腹が立たなくなった」ということだ。

感情が鈍っている。二〇代は、見るもの全てに腹が立っていた。自分にも腹が立っていた。それがいつの間にかなくなっている。

内側から「お前、こういう奴は許せないんじゃなかったのか?」というくぐもった声が聞こえる。わずかな諦念か対峙の回避なのだろう。

何ができてどう感じるのが自分なのだろうか。そんなことを考えると、急に空恐ろしくなり、慌てて左手をグッ、パー、グッ、パーと何度もぎこちなく動かす。

(二〇一九年一一月二七日公開)

「あなたはいま幸せですか？」

一〇代の最後に芸人をはじめた私は、当たり前のように成人式の参加をパスした。キレイな振り袖を着て地元の友達と仲良く写真を撮るなんて、アホか、反吐がでるぜ、なんて思っていた。まわりの大人から「一生に一回やねんから」と言われるたびに、「やかましわ」と言ってひねくれた。冷静に考えると、何一つやかましくはない。もっともなアドバイスである。

今となってみれば何をそんなにカリカリすることがあったのか、ほんの数時間で終わる友人たちとの思い出作りくらい気軽に参加しとけばよかったのに、とも思うが、そんな些細な片意地の張り方こそが私を象徴している気もする。そのまま大人になったらあとあと苦労することになるよ、とあの頃の私に言ってやりたいが、言ってもどうせ聞かないだろうし、そんなやつは痛い目をみて覚えていくしかない。あー痛かった。

行っておけばよかった、とハッキリ後悔したのは数年後だった。仲のいい友人から、あの日成人式が終わってから母校の小学校に行き、当時埋めたタイムカプセルをみんなで開けたと聞かされた時だ。

タイムカプセル。卒業間近の冬の教室で、「未来の自分へあてる」という初めての行為にワクワクした気持ちで手紙を書いたのを覚えている。私は同級生の誰よりも胸を高鳴らせていた。他の子が書き終わっているのに、私はなかなか文章が決まらなくて、書いては消してを繰り返した。そんな一生懸命に書いた小学六年生の手紙を、読むことができなくなってしまったのだ。悔しい。読めないとわかったら余計読みたくなってくる。このときまでタイムカプセルの存在を忘れていたことも、もういっちょ悔しい。「一生に一回やねんから」がこれほど効いてくることになるとは。

いったい私はその手紙になにを書いただろう。後に芸人を志すようなお調子者のことだから、一つや二つぐらいボケを入れたりしているだろうか。いや、多分そういうときの私は変に考えすぎて、生真面目な文章になっている気がする。となると、おそらくタイムカプセル然としようとして、タイムカプセルの定番である「あなたはいま幸せですか?」的なことを書いていそうだ。うわー。「あなたはいま幸せですか?」だったら嫌だ。未来の私からすれば、小学六年生の子どもから取材される筋合いはないし、ハテナで終わっているのもむかつく。あと返事できないのをわかってて聞くな。しかしかといって「私はいま幸せです」だったとしても、それはそれでむかつく。お前に幸せの何たるかがわかるか。ていうか知ってるし、お前が幸せやったことは。

一生に一回を逃した後悔というのは、成人式のようなメインよりもむしろ、「タイムカプセルのダメ出し」のようなサブのほうが、心の中で大きくなるものらしい。

（二〇二〇年一〇月二八日公開）

「すいません」

新宿駅から歩いて歌舞伎町を北へ抜けるまでは、私のたわいもない話に対する彼女の心地良い相槌は続いていた。ふと、彼女の意識が会話から逸れた気がした。退屈させてしまったかと思ったそのとき、「すいません、ああいうの気になってダメなんです」と申し訳なさそうに言って、彼女は歩くスピードを上げた。前方に、歩道からはみ出して横倒れになっている自転車が見えた。風に煽られてというよりは、どことなく急いでいた持ち主に乗り捨てられてそのまま倒れているといったような印象を受けたのは、その風景が雑多な街に溶け込んでいたからかもしれない。ところどころ塗料の剝がれた白くて細いその自転車を、彼女は小さな手でゆっくりと起こした。それからまた、追いついた私に並んで歩きだした。私は何かしら、つかの間の沈黙を破るためだけのできるだけ意味のないことを言おうとしたが、適当な言葉が思いつかず、ただ彼女の横顔を見ただけだった。そこからわかったのは、今の小さな善行では、彼女の下がり眉を変えることはできない、ということだけだった。また一つ彼女を知ったと思ったところに、私が図らずも生んだ沈黙が、彼女にふたたび「すいません」と言わせた。

何事もなく歩いていれば、私たちは自然に自転車が倒れているところまで来たはずだ。そのときに自転車を起こせばいい。そうはせずに、会話を中断させてまで彼女は自転車を起こしに行った。おそらく、起こしている間に私を立ち止まらせて待たせるほうが悪いと思ったのだろう。ただ彼女は、私と再び歩きはじめたときも、「もしかしたら間違った選択をしたかもしれない」というような、困ったような顔をしていた。もし私だったら、「良いことをしたでしょフフフ」顔をする。たとえしなかったとしても、晴れやかな表情をしていただろう。

私は彼女が困ったような顔をするところを、はしなくも見ることが多かった。その度になぜか、心がざわざわした。目上の人から理不尽なことで怒られているとき、彼女は目を泳がすことすら自信がないというふうに、とろとろと黒目を動かした。横で見ていた私は、彼女の不思議な視線の軌道を追おうとしたができなかった。困らなくていい、睨み返せよ、と心の中で強く思った。友人と喧嘩をしたときも「いやぁ、参った」と、また眉を下げていた。参らなくていいから、相手の悪口を並べ立てて笑えばいいのに、と歯がゆかった。でも私がするべきことは、擁護ではない。そして、選択の否定でもない。

彼女とはさして仲良くないのに、彼女の眉が、視線の軌道が、いつも私を奮起させる。いや、もっと言えば、彼女じゃなくてもいい。「特定の誰か」に困った顔をさせないように、芸人という仕事が存在するのだという気がする。そしてそう思わせるために、あの自転車は倒れていた。どうしたってそれは、因果だと思わずにはいられない。どのタイミングで自転車を起こせばいいか迷ってしまった、という、不幸と言うにはあまりにも瑣末な出来事を一瞬で忘れさせることが、この仕事を続ける理由の一つであると、そのとき確信できたのだ。

彼女が自転車を起こそうと手をかける。

私も後ろから駆け寄って、彼女の耳元で「頑張れいっ！！！」と大声で叫ぶ。

びっくりして彼女は自転車を放す。

「うるせえ！！！」と言ってから、笑いそうになる直前に、「労力と見合った応援せんかい！！」と彼女はまた大声で言った。

私が先に笑った。

彼女もまた、誰かのための、芸人だった。

（二〇二〇年二月二六日公開）

「わざと外したん？」

子どもというのは何かにつけてミスをするが、善の取り扱いミス、これがとにかく恥ずかしい。

小学校の頃、地域のバスケットボールチームに入っていた。厳しいコーチの下で毎日の練習はかなりしんどかったが、最高戦績は大阪市内で三位という、なんとも微妙なもんである。しかしうちのチームは、フリースローだけはうまかった。年に一回行われる、各チームの代表者で競われるフリースロー大会で、数度の優勝を経験していた。その大会の代表者を決めるチーム内選考で、六年のときに運よく最後の二人まで残ったことがあった。相手はチームのエース、カナである。あとは私とカナが交互にフリースローを行い、外したほうが負けという状況だった。

そのときふと、見学に来ていたカナの母親が目に入った。うわっ、カナのオカン見てるやん。えー。カナのオカン、カナが負けたらガッカリするんとちゃうかなぁ。うちのオカンは来てへんし、こんな大会あるの知らんしなぁ。ていうか、たかがフリースロー大会やん。フリースローじゃ飯食われへんし。いやでもカナのオカンは、将来この子にはフリースローで飯食わせてもらいたいわぁ、みたいな顔してるなぁ。そんなことを考えていたら、合図の笛が鳴った。私はシュートを放ったが、その球はゴールから大幅に外れた。

そこでうまく悔しそうな顔をして終わり、ということであれば問題はなかったが、その外し方がまずかった。雑念が多すぎて、なんというか、「なんやそれ！」みたいなフォームで投げてしまったのだ。見守っていたみんなも「なんやそれ！」みたいな顔になっていた。予選ではポスポスとシュートを決めていた綺麗なフォームが、なんで決勝でこんな崩れんねん？　なんか阿波踊りみたいになってなかった？　え？　そんな微妙な空気の中、後攻のカナがきっちりとシュートを決め、チームの代表はカナに決まった。

練習後、トイレに入ると、カナが後を追うように入ってきて、

「わざと外したん？」

と聞いてきた。もう最悪である。本人にバレたばかりか、私には明日からチームメイトに「徳島」みたいなあだ名をつけられる未来が待っている。失意の中で、どうにかこうにか「なんで～？　ちゃんとやったで～」と言葉を絞り出したが、カナはビビるほど納得していなかった。窮した私は、コントのようなタイミングで「ぅう！」とお腹が痛くなったフリをして、二回目の「なんやそれ！」の顔をしたカナを尻目に、個室に飛び込んだ。そして、ヘタなことはするもんじゃない、と、冷や汗を拭った。

大人になった今でも思い出す。あんなことになるなら、ちゃんとシュートを決めておけば良かった。一点ビハインドの私。そのままでは情けない。このあたり

でどうにか、同点に持ち込みたい。

美容室でカットしてもらい、お会計をする。私が座っていた席の周辺に散らばった髪の毛を、美容師のお姉さんがホウキで掃いて、ちりとりの前に集めていた。掃き方があまい。ちょうどつま先があった位置の奥あたりに髪の毛がもっとあるのに。椅子をどかせて屈んで掃かないと。お釣りを受け取った私は、元の席に戻る。「お忘れものですか？」と声をかけられた。私は無言で椅子を後ろに引き、ちりとりめがけて右足で思いっきり髪の毛を蹴る。

リベンジの善シュート、その行方は。

（二〇一八年一二月二六日公開）

「もーれつねえさん」

『スヌーピーの父　チャールズ・シュルツ伝』（デイヴィッド・マイケリス著、古屋美登里訳、亜紀書房）を読んで、PEANUTS熱がぽわっと再燃した。

小学生の頃、CS放送のアニメ専門チャンネル・カートゥーン　ネットワーク（たしか水曜の一五時）で放送していたのを、あのときは当たり前のように見ていたのを思い出す。あまりにも有名な作品ゆえに当時は気にならなかったが、そのチャンネルでは『トムとジェリー』『カウ&チキン』『ジョニー・ブラボー』のようなアメリカらしいドタバタアニメが並ぶ中で、スヌーピーはなかなか異質だった。

大げさなギャグもなければ、目を引く悪役も出てこない。登場人物である子どもたちは、いつも何やら憂いていて、ひたすらに哀愁を漂わせている。その上、主要キャラクターの声も全て本物の子どもが担当していて、びっくりするほど棒読みだった。セリフのスピードももどかしくなるほど遅い。しかしそれがまた、たまらなく原作のコマ割り漫画の雰囲気を表現していた。私はアニメを見る一方で、父親がなぜか一冊だけ持っていたピーナッツ・コミックシリーズの八巻『〝孤独ね〟チャーリーブラウン』（鶴書房）を擦り切れるほど愛読し、日々些細なことで悩める彼らを本当の友達のように身近に感じていたのだった。

そういえば、そんな私を見てことあるごとにスヌーピーグッズをプレゼントしてくれた親戚のおばちゃんがいたが、私は人形やハンカチやメモ帳を受け取りながらも「そういうことじゃないねん」という生意気なスタンスを取り続けた。今思えば、えらく感度の低いガキだと思われていたに違いないが、私にはどうしてもグッズにプリントされた子どもたちがニコニコと満面の笑顔であるのが引っかかったのだ。

PEANUTS漫画のオチはたいてい、うまくいかなかったチャーリー・ブラウンが呆れ顔で「Good grief（やれやれ）」とつぶやく。つぶやくだけだ。何も解決はしない。次のページでもまた懲りずに悩んで失敗している。スヌーピーは犬小屋の屋根の上で、ときには鳥、ときにはパイロットの自分を夢想する。そして気づく。自分は自分以外の何者にもなれない。それが人生だということを、毎晩枕元で、水曜の一五時にはテレビの前で学んだ。

いやぁ、なっつかしいなあ、なんて考えていたらもう指先はクリッククリック、ポチルリっとしているわけで、二日後にはコミックシリーズ一一巻『いじわるルーシー』を手にしていた。

そう、私は登場人物の中で、昔からとりわけルーシーに夢中だった。チャーリー・ブラウンの女友達であり、最強のいじめっ子である。そのエネルギーはいじめるだけでは収まらず、アニメではスヌーピーとボクシングでやり合って、ボコボコに殴られることもある。犬と女の子の殴り合いなんてなかなか見られるものではない。

他にも一六巻『ゲバっ子 ルーシー』、二五巻『だまっててよ！ルーシー』など、彼女が表紙になっている巻は多いが、まるで表紙に飾られる権利すら自分で奪い取ったのかと思わせる力強さだ。そのパンチ力をもって翻訳の谷川俊太郎に「ゲバっ子」（原題ではGewalt。ゲバルト）なんて言葉を生ませるなんて、軽い嫉妬すら覚えてしまう。

久しぶりに漫画をめくると、はじめのページには登場人物紹介とともにそれぞれのキャッチコピーが書いてあり、ルーシーはそこからすでに最高だった。一言、「もーれつねえさん」である。

もーれつねえさん！

なんと痛快。私もそれほど自分を端的に言い表せたらどんなにいいだろうか。芸人になってからたまに「自分のキャッチコピーを考えてください」という要望を受けるが、私はそのたびに頭を抱えている。なんとか絞り出してはみるものの、「関西弁で、漫才をやったりコントをやったり……」とまぁ、いつも歯切れ悪いことこの上ない。それがルーシーは「もーれつ」である。もーれつ。烈しく猛っているのである。こんなわかりやすい言葉はない。

ただ、仮に私が「もーれつねえさん」というキャッチコピーを付けられたら、相方と殴り合ったり、客席に下りていってわめき散らさないといけないのはつらい。もーれつはやはり、ルーシーだけのものであってほしい。納得のいかないことや鬱憤に対して、他者をもーれつに攻撃するというアプローチしかもたないルーシーの「これが私だ」という強さが、何度私を勇気づけたかわからない。

しかしそんなルーシーにも、他の登場人物と同じぐらい、ちゃんと憂いがある。大好きな男の子シュローダーに、見向きもされないのだ。

ピアニストであるシュローダーは、ベートーベン以外には興味がない。ルーシーはいつも彼のピアノに寄りかかって愛をささやくが、鍵盤から顔も上げてもらえない。彼女はため息をつく。そんな彼女を見て、「どんな強そうな人にもちゃんと悩みがある」とは思わない。

「いや、無視されてんのにもたれかかれるんすごいな！」

いつまでもたっても、ルーシーは私の憧れである。

（二〇二〇年六月二四日公開）

「本年もよろしく」

毎年、年賀状を書くために、過去にもらった年賀状を引っ張り出して住所を確認する作業をするが、その度に「なんて効率が悪いのだろう」と自分に呆れる。いいかげん一つのノートにまとめればいいものだが、後回しにして年賀状を書き始めると、そのまま忘れてしまう。

なんてったって、年賀状の求心力がすごいのだ。私は昔から、年賀状のあけっ広げでけろりとしたところが好きだ。堂々としているし、さらにめでたい。富士額の上半身裸の男が仁王立ち、みたいなイメージだ。気心の知れない「賀正」の文字なんかに面積の大半を譲ったりするのも気前が良いし、一年のうち書いているその一日しか意識しない干支に下駄を履かせているのも滑稽で憎めない。年賀状文化の衰退はやむを得ないと思うが、ＳＮＳを駆使していない私としては、ほそぼそと続けていければいいなぁと思っている。

そうは言うものの、実は堂々としていない手紙も好きだ。必ずと言っていいほど封筒に入っていて、私と誰かとの間に郵便局員の視線が注がれることはない。ファンレターである。こんな私にもわずかながら書いてくれる人がいる。そこには「賀正」よりもはるかに小さい文字で、「本年もよろしく」なんかよりももっと具体的なことが書かれている。

とある学校の先生からのファンレターは、ネタの中身に言及していた。私たちの漫才の中に「絵画はもう鮮度を優先するところまできた」というセリフがある。なんの根拠もないデタラメな話だ。だがそのセリフについて「美術の先生が同じことを言っていました」と書いてあった。絵画が到達した新たな境地に驚きつつも、私はこのネタをフィクションであることを前提で作ったので、「ほなもう出来へんがな」と笑いながら、次のページを愉快にめくった。

やたらと謝っているファンレターも面白い。「汚い字ですいません」「自分の話ばっかりでごめんなさい」「長くなってしまって申し訳ないです」「すいません何の話かわからなくなってきました」と延々と謝罪が続く。たしかに「何が言いたいんや」と怒りたくなるが、最後に猫のイラストが書いてあったりすると、「責任はこいつにありますんで」と言っているようで、その急に開き直った感じがじわじわきてどうも笑ってしまう。

一度だけ、ライブの帰り道にファンレターを読んで泣いたことがある。内容はあいにく年賀状でないので言えない。でもその手紙にとても支えられた。

今、その手紙をくれた人を劇場で見ることはなくなった。それでも、その手紙は今でも引き出しにしまってある。たまに出しては読み返す。私たちを応援していたことを忘れてしまってもいい。せめてその人の元に、今年も大切な人からのあっけらかんとした年賀状が届いていますようにと、それだけを願う。

今年は年賀状のようにオープンな、郵便局員も楽しませられる一年にしたい。

（二〇二〇年一月八日公開）

「一旦一三時で」

日頃から付き合いのある人たちに動画撮影や制作を手伝ってもらうとき、決まって一三時集合にしてしまう。本来ならその日の作業にかかる時間を逆算して集合時間を決めるのが親切ではあるが、たいてい内容のことで頭がいっぱいで、「明日何時からですか？」と連絡がきたら、条件反射的に、

「一旦一三時で」

と返事をしている。前日の夜に聞かれているのだから「一旦」もなにもないが、これは特に意味があるわけではない。「ほな」「じゃあ」ぐらいのことである。

ただ、一三時集合の理由もあるにはある。芸人をはじめカメラマンや作家、メイクさんなど、それぞれの職業柄夜遅くまで仕事していることもあるので、よほどじゃない限り朝からの稼働は頼みにくい。あと普通に自分も眠い。ということで、ひとまず午前中は避ける。眠いときの集中力の低下が作品に及ぼす影響はいやというほど知っているので、これは正しい判断だと思っている。

それなら一二時集合にするかと言われると、それもしない。なにせ「一二時」という言葉に含まれる「ついさっきまでは午前だった感」があまりにも強い。一二時はおそらく「午前中のことなら何でも聞いて」と思っているし、その心意気は「午後のルーキー」でなく「午前の大トリ」なので、そうなると一二時はおのずと「集まってもらうには気をつかう時間」にカテゴライズされる。

一四時以降に開始すると作業が終わらなくなるので、一三時集合。一三時が完璧な集合時間であるはず。なのに今度は、別の問題が浮上する。昼ごはんである。この時間は、食べて来ている奴と来ていない奴が絶妙に分かれる。これも、前日に一言「お昼食べてから来てな」と言っておけばいいのに、そこまで気が回らない。現地に向かう道すがらに思い出し、慌ててみんなに「お昼食べた？」と聞く。食べてきた奴には準備を頼み、食べてきていない奴には弁当を買っていく。集合すると、弁当を食べている奴の醸し出す和やかなムードが一同を包み、準備していた奴も手を止めて、缶コーヒーを飲みながら談笑する。結局作業を開始するのは一四時。一四時は一瞬で一五時になる。そして一六時。アララ一七時のオロロ一八時。その後も「もう日ぃ暮れた？ 前のカットと繋がる？ やばい」「これ今日で終わらんくない？ 来週にする？」「一回休憩はさむ？」「みんな終電何時？」「朝からやっといたらよかった？ それ今言う？ 今？ 今何時？」など、時間に翻弄されまくって一日が終わる。

今年の七夕は「時間の教科書ください」と、短冊に書いた。

○時の「だからなに？」感
一時の「この時間やともう連絡したらあかん」感
二時の「こんなはずじゃなかった」感

三時の「やってもうてる」感
四時の「だれもいらん時間」感
五時の「この辺からが今日」感
六時の「エセ優等生」感
七時の「分刻み」感
八時の「分刻み」感②
九時の「正しさを強要する」感
一〇時の「社会は私なしでも回ってる？」感
一一時の「後でも考えられるしな」感
一二時の「ついさっきまでは午前だった」感
一三時の「とりあえず」感
一四時の「良くない落ち着き」感
一五時の「今日のハイライトはここではない」感
一六時の「どっちにも転ぶ」感

一七時の「お腹すいてはいけない」感
一八時の「もう一八時？　まだ一八時？」感
一九時の「子どもと大人の境目」感
二〇時の「ここ充実してないとあかん」感
二一時の「「今日中に」って言ったこと後悔してる」感
二二時の「明日に向けての思考」感
二三時の「感覚だけで物言ってもうてる」感

（二〇二〇年七月二二日公開）

「何言うてんねん」


　駅前にぺろんと伸びている、閑静な住宅街にありがちな頼りない商店街を歩いていたら、学校帰りの中学生の女の子二人が忍者ごっこをしていた。

　昼下がり、日が沈むまでにはまだもう少し時間があった。午後の授業が早く終わり、さらにラッキーなことに何かしらの理由で部活も休みになったのであろうか。はたまた二人とも帰宅部であるのか。とにかく二人は、夢中だった。一人がお決まりのニンニンポーズで、電信柱から電信柱までをふざけた走り方で横切る。それを見ているもう一人が締まりのない顔でゲヘゲヘと爆笑しながら「くらえ手裏剣〜！」と左手に乗せた右手を高速でスライドさせていた。

　どっちも忍者なんや、内部抗争かな、伊賀vs甲賀かな、と私はこみ上げるニヤけを抑えきれなかったが、それと同時に、一刻も早くその場から離れたくなって、歩みを速めた。その忍者ごっこの終わりを見ることに耐えられないからだ。私は知っている。その最強の忍者ごっこは必ず終わる。そして五年後、かつて忍者になるために突き立てていた指に、ネイルが光る。

私は、忍者ごっこ以上の楽しみをついぞ見つけることなく、一〇年以上も人前でニンニンニンニンやっている。天気が悪い日はむなしい。忍術が通用しないこともしばしばある。そんな折、岸本佐知子さんの『ねにもつタイプ』『なんらかの事情』（筑摩書房）に出会った。

おった！　まだ忍者ごっこしてる奴おった！

そういう身勝手な喜びが湧き上がった。

エッセイだと思って手に取ると、きっと誰もが騙されるだろう。エッセイとは日常で起こったことや感じたこと、見聞などを綴るものだが、ここではそのどれもが入り口に過ぎない。そこから想像もつかないファンタジーへ突き落とされるのだ。

「空想」という言葉には「空」が入っているので、何となくその世界に「飛ばされる」というようなイメージがあったが、岸本さんの世界には「突き落とされる」が正しいような気がする。通い慣れた通りの地面がパカッと開いて、気がついたときには目の前に知らない景色が広がっていた、といった感覚。そこでは岸本さんの生み出した忍者たちが、自由自在にふざけた忍法を繰り出しながら楽しそうに暗躍している。

いろんな笑いがあるけれど、私は「何言うてんねん」が大好きだ。受け手が腹を抱えて笑いながら「何言うてんねん」と言うしかないものに出会ったとき、安い言葉だけど、人生って楽しいなぁと思う。それは、文章でも映像でも、実生活でも変わらない。岸本さんの文を読んで何度「何言うてんねんこの人」と肩を揺らしたことか。

ただ、中学生の忍者ごっことは違って、岸本さんのエッセイは最後まで絶対に目が離せない。ラストの一行で最大の「何言うてんねん」が待っていたりするのだ。

（「昨日、なに読んだ?」二〇一八年三月一四日公開）

M字

舞台の上手袖にぺちゃんと座り込んで、幕と幕の間から他のコンビの漫才を見ている。劇場にもよるが、たいていは客席側から数えて二枚目と三枚目の幕の間が一番ネタを見るのに適している。その反面、そこはセンターマイクの前に立っている演者がだいたい二歩下がった位置の同一線上になるので、角度的に上手側に立つ芸人の表情は見ることはできない。体格差や身長差があるコンビだとまれにどちらの顔も見えないこともある。だから、表情の変化で笑いを取るほうが下手側に立つコンビが何組か続くと、今日はツイているなと思う。舞台から漏れる明かりを頼るしかない不自由な状況の中、私のすぐ横でスタッフさんが、次のコンビがコントで使う小道具の長机を広げている。たぶん邪魔だと思っているだろうな、というのがチラっと頭をかすめるけど、「邪魔だ」という言葉や舌打ちが聞こえるまでは、私は腰をあげないだろうと思う。なぜなら、弛緩しているから。自分の出番が終わった芸人の筋肉はこれでもかというほど弛緩する。ガヤガヤとした空間に身を置き、先ほど味わった緊張を急速にたるませているのは、スーパー銭湯で温度高めのサウナに入った後、休憩スペースで友達とアイスを食べている時間に似ている。自分の出番前は、立ったままそわそわと舞台を覗くに過ぎないのに、出番が成功に終わってしまえばそこは大衆娯楽施設、許されるならコーヒー牛乳を持ち込みたいとさえ思う。そこが上手であればなお良い。青より赤のほうが好きなのと同じように、ただ本能的に上手が好きだ。

筋肉の弛みはもちろん私の専売特許などではなく、向こう側の下手袖を見ると、ある芸人がこれまた出番を終えて、弛緩している。上のジャケットは楽屋に置いてきたのだろう、ワイシャツ姿で少しネクタイを緩ませ、体育座りの姿勢から大きく股をM字に開いている。彼はたぶん青のほうが好きなんだろうなと、余計なことをぼんやり考える。彼は何年も前から、気がつくと下手側にいた。しかしコーヒー牛乳を欲している様子はなかった。首から下の肉体的なくつろぎとは対照的に、視覚と聴覚に全神経を集中させているような表情をしていた。彼の同期でライバルとされるコンビのときでも、デビューまもない一年目の後輩のときでもそれは変わらなかった。私と彼は、あまり同じタイミングでは笑わなかったが、一つのネタの中でそのズレの回数が多ければ多いほど、隠れた魅力があるネタとして記憶に残った。この世界では、勉強熱心であることや、同じ分野から吸収することはしばしば揶揄される対象であるし、それは真っ当な意見であることをわかりながらも、私は彼が出番後の弛緩した肉体を落ち着ける場所をここに選んだことに、芸人のどうしようもない性を感じてしまう。

コロナ禍による外出自粛期間が長引き、数カ月前まで当たり前のように人前に立っていたのが信じられないくらい、肉体も精神も、自宅の中では緩み放題になってしまった。しかしこれは本物のくつろぎではないことを知っている。生きている実感がするあのステージと同様、今は上手袖が、彼のM字が、とにかく恋しい。

（二〇二〇年五月二七日公開）

「チューリップ好き？」

女性アイドルが出演する番組のMCをやらせてもらう機会があり、それと同じ時期に友人から、彼女が応援しているいわゆる「推し」の話を聞くことが何度かあったことで、自然と「オタク性」というものを考えるようになった。最近ではそれを題材とした小説にも出会い、この夏は私にとってより興味深いテーマとして日常の思考に入り込んでいる。

中学生や高校生の頃は、正直いうと特定のアーティストやアイドルに入れ込んでいるクラスメイトが少し苦手だった。いや、ただ入れ込んでいる分にはなんの問題もないが、口を開けば「〇〇君が昨日テレビで……」と、推しの話を見たまにするばかりで、「友人との会話におけるサービス精神」をまったく意識していないことが気になった。面白おかしく調理して、こちらも思わず引き込まれるような語り口であった子もいないわけではなかったが、たいていの子はそのトークで伝えたいことが「いかに自分がその人への思いが強いか」であった。

　そんな子を前にしたとき、私はよく小さな無力感に襲われた。この子といくら別の話題で笑い合ったとしても、「その日あなたを楽しませたのは誰ですか？」と聞いたらきっと「ミュージックステーションでカッコよく踊っていた○○君です」と言われてしまう。多感な時期に目に飛び込んでくる他のいろんなことに興味を示さないのもなんだか怖かった。そういった、こちらが感情に入り込む隙間のない感じが、そして推しがいる子の「私の心を動かすのは一人だけです」というスタンスが、「ごはん食べて帰れへん？」も「今度の土日遊べへん？」も封じた。私は交友関係において恥ずかしいくらいに欲張りで、違うグループの子と話したときにめずらしく笑ってくれたことなんかをその日家に帰ってまで思い出して「でもきっと彼女はすっかりあの会話を忘れて趣味に興じているのだろうな」と考えてはヘコんだ。そしてヘコんだ後は、「なんでヘコまなあかんねん」とだんだん腹が立ってきて、しまいにはポコッと頭の中にチューリップが咲く。私は花のなかでもチューリップが好きだったので、「明日反撃で、チューリップがいかに好きかっていうどうでもいい話を延々したろか！」と思うのである。

そんな学生時代から一転、今では誰かから好きな人の話を聞くのがとても楽しくなった。あまりにも嬉しそうに話す姿を見て、こちらまで嬉しくなることも増えた。この変化はなんだろう。社会に出て、みんなそれぞれ少しずつ生きづらさを覚えていることを肌で感じるからだろうか。情報の濁流の中で、他者の「推し」の選択を見て、自分の感性ではキャッチできなかった部分を教えてもらっているように思うからだろうか。

以前番組のロケで出会った二〇代のおとなしそうな女の子に「好きなもの何かある？」と聞いた。その子は、顔を真っ赤にして、聞き取れないくらい小さな声で「……おそ松さんです」と答えてくれた。それがあまりにも微笑ましくて、しばらくその表情が頭から離れなかった。その子は、私の言ったことには笑わなかったけれど、おそ松さんの話をすると驚くほどの笑顔を見せた。初対面でもこんなに笑った顔を見られるなんて、おそ松さんありがとう、と思った。そして彼女はカメラの回っていないところで、職場での人間関係に悩んでいると教えてくれた。彼女の心の全部に六つ子が行き渡ればいいと思った。

そのあと、「チューリップ好き？」と聞いてみた。その子は「は？」という顔をした。さっきの笑顔からの落差に、私は思わず吹き出した。笑いながら、ほんのほんのちょっとだけ、おそ松さんになりたいな、と思った。

（二〇二〇年八月二六日公開）

「そろそろ一キロぐらいですかね?」

ジョギングが楽しい。後輩芸人数人と一緒に、好きなペースで走りはじめて早二年。冬も終わり走りやすい気候になったので、最近では週二回の皇居ランが欠かせない。体力はつくし、運動した後は脳が活性化し思考がクリアになってネタ作りも捗る。一石二鳥とはこのことと、いつも仕事終わりの二二時頃に弾む気持ちで霞ケ関に向かうのであるが、今日は雨で走れそうにないとなると、人の二倍落ち込んでしまうのが難点である。夜中のニュースでその日めざましい活躍をしたスポーツ選手を扱っているのを観ても、感嘆することも忘れて「こいつは今日こんなに動けてたんか、ええなあ」と嘆く有り様。そのうち梅雨をむかえた私は、時計屋のショーウィンドウに張りついて、止まらない短針を羨望の眼差しで見ることになりはしないかと心配している。
それにしても、走っている最中の発言も、それぞれに癖があって興趣が尽きない。

走り始めて六分ほどすると、A子は必ず

「そろそろ一キロぐらいですかね？」

と言う。毎度のことなので、私は六分ほど経ったときに「そろそろA子の「そろそろ一キロぐらいですかね？」がくるなぁ」と思う。そして実際にくると、にんまりして「そうやなぁ」と言う。皆も口々に「多分そうですね〜」なんて言うが、お気楽なジョギングなので、誰も確認はしない。確認したが最後、ジョギングがマラソンになってしまう、と皆うっすら感じているようだ。

二回目の角を曲がった中盤の坂道あたりで、B美はたいてい「前回より楽に走れているか否か」を報告してくれる。「昼ごはんを多めに食べてしまったので、今日はなかなかキツいです！」と聞くと、「あちゃ〜」なり「げげげ」なりのヤワい反応をするが、この返しのレパートリーがだんだんなくなってきており、次こそは「前回より楽に走れています！」の日であってほしいと願っている。「やったね！」も「やるぅ！」も「ひゅーひゅー！」だって、楽しいほうの相槌の引き出しは無限である。

Cャーリーズ・セロンは、ロサンゼルスのグリフィス・パークを毎朝走るのが日課だ。並走している女マネージャーに向かって、同世代の女優たちが自分のようにプロポーションを保てなくなってきたことを嬉しそうに話す。私がそばにいればここでもB美への「ひゅーひゅー！」を使い回すのだけれど、時差一六時間と距離九〇〇〇キロの隔たりがそうはさせない。私が布団の中でようやくまどろみ始めた頃、セロンは朝の光をあびながら、「六〇歳までに全てを充実させる」という口癖を息を乱しもせずに言う。何から何まで充実させるの。ただし、食事量以外はね。

寒い冬を越えて、Dンゴムシは繁殖期のピークを迎えている。仲良しのDンゴムシ娘・ウニウニとハウハウは、今日もタイプじゃないオスから逃げ回る。

「ぎゃー‼　やめてー‼　足多すぎる奴まじむりー‼」

「あいつ丸まるタイミングまじでセンスないー‼」

「でもこれ続いたら痩せるんじゃねー⁉」

「レッツゴー‼」

Eンヤ。Eンヤは走らない。知らんけど。

（二〇一九年四月二四日公開）

「むらきゃみ」

私が三五歳になった誕生日の朝、相方が芸名を本名の「村上」から「むらきゃみ」に改名した。いくつか出た改名案の中で、最終的に今の彼女の雰囲気を表す最適な名前になったような気がしている。

発表までの数週間は今まで経験したことのないそわそわと、「この決断が本当に何かが好転するための後押しになるだろうか」という不安な思いを抱えて過ごしていたが、ファンの方や芸人仲間からの反応をみる限り、おおむね受け入れられているようで安心した。収録現場で会った先輩から「変えたらしいな」と声をかけてもらったときの軽い物言いが、「たいしたことではない」と言っているようにも聞こえ、そういえば今まで誰かの改名のニュースを聞いて心が動いたことはないと思い出した。とはいえ、活動の分岐点になることも確かだ。「むらきゃみ」への改名が成功したかは、もちろん今後の活動次第になる。しかし名前には魂が宿る、すなわち言霊があるともいう。ということは、その名を呼んでくれる人たちの手によって、少しずつ出来上がっていくものかもしれない。主に「きゃみ」の部分からたくさんの愛情を注いでもらえれば嬉しい。完成した「むらきゃみ」は未来でどんな仕事をこなしているのか、想像すると少し笑ってしまう。私の頭には、なぜか野鳥に追いかけられる映像が浮かんでいる。

　コンビを組んだ頃に私が「あいぴー」から「村上」に呼び方を変えた日のさみしさを、相方が以前エッセイに綴っていた。「今でもずっと友達の感覚です」というコンビもいるが、私の場合は自分の中で彼女が友達からビジネスパートナーになったのは早かった。その理由は仲の良さや芸風とは関係ない。

　芸人をはじめてすぐに、私は「この仕事を一生好きでいられる」ということに気づいた。それは言うなれば、新たな一生の友達を得たような感覚だった。芸人になるために幼馴染である相方を誘ったわけではなく、「二人で何かやろう」と提案して選んだのが芸人だった。しかし今思えば、当時はあいぴーとの友情すら視界に入らなくなるほど、お笑いの世界に魅了されていた。

今でも自問してしまう日がある。「二人で笑いをすること」と「笑いそのもの」、私はどっちが好きなんだろう、と。そんな問いになんの意味もないことはわかっている。しかしそんな揺らぎに終止符を打つように、彼女が「あいぴー」でも「村上」でもない人間になってくれたことに、一種の救いのような気持ちをもった。

相方が感じたさみしさと似たような思いを私も抱くことがあるが、「まあ、あるあるか」と自分の中で受け流す癖がついている。それをスルーせずに言葉にできるのが、彼女の魅力であり、私には到底マネできないところだ。これからもお互いの変化を、自分の変化を棚にあげながら、表で裏で憂いていくのだと思う。二人が今後どうなっていくのかはわからない。ただ、憂うことのできる存在であることが、コンビなのだという気がしている。

（書き下ろし）

「お雑煮って、笑いながら走ってくる歌舞伎役者みたい」の巻

あの子を動かせるのは一人ではない。生みの親が見当たらなくて、あの子は不安になったりしないだろうかと心配しても、それはもちろん杞憂である。あの子はだれの手によっても、気ままに遊んで理不尽にスネて、そして大小さまざまな夢を見る。あの子はみんなが知っていて、私たちのあるようでなかったあの頃に寄り添ってくれる。でもあの子は決して友だちではない。私たちは、あの子の中に自分を垣間見ること、それが一番嬉しいのだ。

年の暮れも、あの子はカギカッコめがけてやって来る。

「年越し　まる子ちゃん」の巻

世間はどこも大掃除。そのさなか、あの子は子ども部屋で笑い袋に夢中だ。袋を押すと、袋が笑うのである。袋が笑うと、つられて笑う。のたうち回って笑う。それを見て、テレビの前の私も笑った。父・ヒロシがやってきて袋で遊ぶことを窘めるが、こらえきれなくなってヒロシも笑う。「私のほうが先やったもんね」と、テレビの向こうのヒロシに的外れな優越感を抱く。さくら家において、父娘揃っての爆笑はすなわち母の爆ギレフラグであり、ほどなくして部屋に怒声が響く。日が落ち、家族で年越しそばを食べて、紅白歌合戦を観る。（裏でやっている漫才番組は「誰が観るんだ」という対象として描かれている）
〇時になる。今年も一年元気にやろう、と口々に言う。年が明ける。
案ずるなかれ、あの子は何も変わらない。

「いつものお正月」の巻
ヒロシに初詣に連れてってくれとせがむも、「人混みでは最悪スリに遭うかもしれない」という理由で突っぱねられる。そうこうしているうち、親戚がわらわらと集まってくる。あの子はその中に「変な顔」の子どもを見つけ、「変な顔だからうちの血筋の子ではない」と酷い推理をする。推理は当たる。ミドリちゃんというその変な顔の女の子は、お雑煮を食べて言う。

「お雑煮って、笑いながら走ってくる歌舞伎役者みたい」

私は笑う。初笑いだ。

ミドリちゃんのこのシーンを巡って、どれほどのアイデアが出ただろう。このときの会議は今までで一番滞った、なんて仮定するだけで楽しい。さらに、もしもその場に居合わせたら、と妄想する。

「お雑煮を食べた後、ミドリちゃんになんかひとこと言わせる?」

「原作のままでいいじゃん、お雑煮って歌舞伎役者みたい、これだよ」

「だって意味わかんなくない?」

「まわりが意味わかんないって顔するからいいんだよ」

「そこカットで、その後のじいさんの腹話術のシーンを長めにとろうよ」

「伸びた餅を、マフラーみたいに巻きません？」

「何言ってんだよ、お前三日寝てねえだろ、一回家帰れ」

私「お雑煮って、壊れた無線機のちょうど真逆だよね、ってのは？」

「何言ってんだよ、お前一週間寝てねえだろ、一回家帰れ」

五時間後
私「ん〜お雑煮って、結局なんなんですかね」
決定権持男「歌舞伎役者に決まってんだろ」
私「（顔の半分に線入ったガーンの顔）」

あの子は永遠にあの家を巣立たない。そんな娘を置いていくのは、どんな思いなのだろうか。

これからも、多くの人があの子に笑顔やふくれっ面を与えるだろう。そんな愛が続く限り、来年も再来年も、またあの子に正月は来る。

（二〇一九年一月一日公開）

「不快指数一〇〇だもの。」

どうもオチと向き合うのが苦手だ。漫才やコントのネタを作っていても、まるでストーリーに終わりが来ることを予期していなかったかのように、毎回「あ、そうか、これって終わるんか」と慌ててしまう。正直、オチなんてどうでもいい、と思うことも多いが、よくあるやつではダメだと思う自分もいる。どうにか「終わってない終わり」なるものを考案したいが、そんなものはない。オチていないだけだ。味のなくなったガムの捨てどきとネタのオチの生み出し方だけは、いつまでたっても心許ない。

いつもストーリーを書きたいだけ書き、背もたれに体をだらしなく預けたら、「ほれ、最後どないすんねんな」という声が頭から聞こえる。そこから、しぶしぶ、といった体を無駄に装って、続編もないのに「つづく」と打っては、光の速さで消す。あるときは「っていうのは、全部ウソでした～」と書いて、「売れる気ないならやめろ」という脳内からの鈍い声に「冗談やんか」と言い訳したりする。結局たいていの場合は、せめてそれまでのストーリーを台無しにしないように、立つ鳥跡を濁さずといった心持ちで臨むことが多いが、こうしてこの文章を書いている今も、来たる最後の段落にビクビクしている。

ネタだけではない。恋愛の終わり方もなかなかよくない。大学生のときに付き合っていた人に別れ話を切り出すとき、「なんか、もうええかな」といって、ブチ切れられたことがある。「なんか、もうええかな」というのはかなり本心に忠実だったが、他に好きな人ができた、というよくあるオチセリフを嘘でも言いたくなかったのだと思う。余談だがその人は、怖い話をしようとして「あそこのプール、出るらしいで……」と言い、私が「水が？」と返したときもブチ切れていた。「会話の相性悪いんかな～」と思っていたが、今考えたら確実に私が悪かった。

逆の場合もまずかった。勇気を出して告白して「ごめん彼女いる」と鮮やかにフラれたときも、オチセリフを向こうが言ってくれるものだと思って、一五秒くらい直立していたことがある。相手はそれを絶望の沈黙と捉えただろうが、私は絶望プラス「ほな。」待ちであった。あの場合、「ほな。」は私が言うべきだったのだろうか？　どちらが言うのか瞬時に考え、さらに私だった場合は「ほな……」なのか「ほな！」なのかも考えないといけないのは、ちょっと労力が多い気がする。ただでさえ悲しんでいるのに、そこまで頭回るはずがない。そもそも「ほな。」はオチているのだろうか？　フったほうが責任を持ってしっかりオトす、というのは一度誰かにルール化してほしいものである。

オチについて考えていたら、『銀河鉄道９９９』のことを思い出した。相方と一緒に暮らしていた頃、アニメのほうにハマって、二人で一気にＤＶＤを借りて四〇話まで観た。が、そこまで観てもまだ鉄郎が宇宙の知らない星を散策しているのみで、メーテルの正体は一向にわからない。とうとう続きを観るのを諦めてしまい、いまだにオチは知らないままになっている。

有名なアニメなので、ろくに観ていなくてもラストだけ知っている人も多く、この話をすると「信じられない」と言われる。しかしどうも聞く気になれない。それは「観る前にオチを言わないでくれ」という気持ちではなく、むしろ今後おそらく観ることはないのだけれど、私が四〇話まで観たのは、オチを楽しむためだけだったと認めたくないのだ。私は四〇話分の内容を楽しむために四〇話まで観た。そうでなければいけない。これは、「メーテルの正体がわからないから観るのをやめた」ことと完全に矛盾しているのだが、これを同じこととしてしまうと、私のネタに対する「オチがよくないからダメだ」なる批判にもちゃんと耳を傾けなければならないような気がしてしまう。

そんなことはない。一つでも強く心に残るシーンやセリフがあればいい。

私は、鉄郎が放った「暑いなあ〜」に対する、メーテルの「不快指数一〇〇だもの。」という禅問答のような返しを観られただけでも、このアニメを「良作」と呼んでいい権利を有していると信じている。

もし、この仕事をやめることになったときも、きっと慌てるだろう。去り際のオチセリフは到底うまくできないだろうから、そんな場面に出くわさないようになるべく続けていきたいものである。　めっちゃつづく

（二〇一九年八月二八日公開）

「俺、洗濯やめるわ……」

洗濯機が壊れた。少し前から、不規則な嫌な音がするなぁと思っていたが、放っておいたら、ついにぴくりとも動かなくなってしまった。使用期間を考えると寿命だったのかもしれない。それでも、愛する白物の突然死に、ショックは想像以上に大きかった。悲嘆にくれながら最寄りのコインランドリーを調べると、うちから徒歩三〇分もある。困ったもんであった。

方向性の違いを抱えたバンドの揉めごとに巻き込まれた。少し前から、不快な音がするなぁとは思ったが、ロック、ひいては現代音楽にはそういう一面もあるのかもしれないと静観していたら、目の前で衝突は起きた。方向性とはすなわち願望であり根幹であり、議論でどうこうなるものではない。困ったもんであった。

ザ・コインランドリーは、廃れかけていた。前まではたくさんのお客さんが来ていたが、ここ数年でライバルが多く現れ、昔からの客も一人また一人と、新しい時代の波に流されていった。存在させているのは意地であると、傍目にはそう映った。

五つ並ぶうちの真ん中に持ってきた洗濯物を入れ、洗い上がるまでのあいだ、その前で壊れそうなベンチに腰かけて本を読んでいた。児童向けの翻訳書で、慣れない文章のリズムが心地いい。家の洗濯機よりも大げさな低音が気にかかり、しばしば洗浄は読書の邪魔をした。一つのエコバッグに詰め込んで洗濯物を運んできたので、無意識に空いたほうの手で左肩を揉んでいる。しばらくして、ピーという終了音とともに、ゆっくりとマシンが止まった。開けると、そこからボーカルが出てきた。

唐突に「どうだった？」と聞かれた。びっしょりと汗をかいて、いかにもライブ直後といった感じであった。私は言葉を選んで「すごくラウドでした」と答えた。大げさな低音が不快だった、とは言えなかった。ボーカルは喜びも怒りもせず「センキュー」とだけ言って、着ていた革ジャンを脱ぎ、隣の洗濯機にいかにもパンクといった感じで乱暴に投げ入れた。私は反射的に「あっ」と声を漏らした。そしておずおずと、革ジャンは、洗濯機にかけないほうが、と言ったが、ボーカルは無視して乾燥機の中に入っていき、ぐるぐると軽快に回りはじめた。そういうところがインディーズなんじゃないのか、と私は顔をしかめた。

しばらくして、端の洗濯機から脱水を終えたベースが出てきた。「ボーカルは？」と聞かれた。私はふてくされながら「乾燥中です」と答えた。ベースは苛立って「足並み揃わねぇな、くそ！」と言って「名古屋のツアーのときもそうだった」と続けた。ベースを見ると、私が洗っていたはずのTシャツを着ている。胸元のロゴにHELLOと書いてあったのに、Oの部分が切り裂かれていてHELLにされていた。こっちはヘビメタかよ、とため息が漏れる。ベースは、回っている洗濯機を見やり、憤慨してボーカルが回っている乾燥機を開けた。「革ジャン洗うんじゃねえよ！」という怒号が飛んだ。ボーカルも回りながら負けじと「このタグ表示忠実野郎！」と言い返した。

左から二番目の洗濯機から、柔軟剤でふわふわに仕上がったドラムが出てきて、「まあまあ」と柔和な表情で二人の間に割って入った。ＣＭでよく見るメーカーのあの爽やかな匂いを全身にまとい、ドラムのポップスへの傾倒が窺える。そして持っていたドラムスティックの先で、ボーカルが入っていた乾燥機の停止ボタンを押した。そういうところがインディーズなんだよ！　と、私はまた心の中で毒づいた。

扉が開いて、外からたくさんの洗濯物を抱えたギターが入ってきた。ギターの神妙な面持ちに気づいた三人は言い合いを止め、ギターのほうを向いた。ギターは俯きながら静かに「俺、洗濯やめるわ……」と言って、自分の洗濯物を置き、止めるメンバーの声をよそに、一度も振り向かずに出て行った。沈黙の中に、革ジャンを洗濯する音だけが、店内に響いていた。

あれから、我が家に新しい洗濯機が来た。機能も容量も増えて、毎日の洗濯が楽しい。バンドはほどなくして解散し、ギターが置いていった洗濯物はうちで引き取った。たまに引っ張り出しては、洗濯してみる。奇妙な音を立てて、ギターの洗濯物は回る。こんな演奏で売れるかよ、と笑いながら、四人が進んだ次の人生に、思いを馳せる。

（二〇一九年二月二七日公開）

「お前は穴や、」

ギャルに根菜を取られた。

当時の私が決めていたギャルの定義は三つ。スカートの丈が極端に短いこと、思ったことをストッパーなく発言すること、そして声がデカいことだった。そして後ろ二つにおいて、チカは群を抜いていた。「暑い」も「親ウザい」も「バイト休みでラッキー」も、チカの心模様はクラス中が知っていた。

高三の昼休みのことである。教室で友達四人とお弁当を食べていたら、机と机の間をチカがダンスしながら移動していた。ギャルの移動手段は歩行ではなくポップスなのである。私の横を通り過ぎようとしたとき、ふと立ち止まり、「いや！」と言って私のお弁当に目を留めた。「いや！」は、標準語でいうところの

「あら！」である。正確には、それに相手を咎めるようなニュアンスが含まれたもの、と言えばいいかもしれない。私は何も悪いことはしていない。「なんや」と私が言い終わらないうちに、チカはれんこんのきんぴらをチョイッと指でつまんで口にほうった。「何してんねん」と反射的に腰を浮かしたが、まったく意に介さず「チカ、シャキシャキしたん好きやねん」と返してきた。へえ、シャキシャキしたんが、好きなんや。そらようおました。チカは三口で全部のれんこんを平らげたが、二口目が一番おいしそうな顔をした。普通こういうのは最初か最後やろ、と少し笑った私を見て、思いきったおかずの強奪がウケたと勘違いしたチカが、満足そうな笑顔を見せた。チカはお礼にガムを一粒置いて、もと来た道をまたダンスで引き返していった。根菜摂取前と比べて、心なしか踊りのキレが増していた。

　ところで、「さきお風呂はいりー」と言うために生まれてきた動物・オカン（♀）は、この夜も生きる目的を遂行していた。帰宅してカバンを置くと同時に

「ごはんまだ?」と聞いた私に、待ってましたと言わんばかりに息を短く吸い、ゆっくり「さきお風呂はいり〜」と吐き出した。私はのろのろとお風呂場へと向かったが、普段と違って一発で仕留められたことに気をよくしたオカンが、「ポケットの中身ちゃんと出しや〜」「服は裏返して脱ぎなや〜」と続け、余韻を楽しんでいた。限りなく「おん」に近い「うん」で返事をしながら、扉を閉めて制服のスカートに手をかけると、ポケットに何か入っているのに気づいた。出してみるとそれは、チカがくれたガムだった。包んでいた銀紙がすこしめくれて、つるつるした薄むらさき色が覗いていた。私はオカンの「お風呂入り〜」の発音で「ブル〜ベリ〜」と雑に言った。

夜中、お茶を飲もうと真っ暗な台所で冷蔵庫を開けると、下のチルド室から誰かのすすり泣く声が聞こえた。おそるおそる覗いてみると、それは、れんこんだった。スーパーに売られている状態の、白いトレイに乗せられた一〇〇グラムのれんこんである。全身を小刻みに震わせて、ラップと擦れる部分から小さくシィシィと音がしている。そしてよく見ると、驚いたことにれんこんの穴が全部なくなっていたのである。私は慌ててれんこんを冷蔵庫から取り出し、テーブルの上に置いた。電気をつけようとしたら嫌がったので、暗いままにした。

落ち着いたのを見て、「なにが気に食わへんのや」と聞いた。するとれんこんは「そういう年頃だ」と言った。自分でもわかってはいるが、どうも塞ぎ込んでしまって、風通しの悪い環境を作ってしまうのだという。私は、いかにそれが愚かなことかを説いた。お前がお前以外のものになれないことを知ったときに、お前は今までよりもっとシャキシャキするんや、わかるか。わかりません。何でわからんのや。わからんもんはわからんのです。ほなええ、それやったらそうやってずっと山芋やっとけ。どこが山芋なんですか。そんな穴なし、お前は山芋じゃ、芋っころっ。違います心外です。なにが心外、それなられんこんである証拠を見せてみろっ。皮を見てもらったらわかります。アホいえ誰がお前を皮で判断する、お前は穴や、穴がお前でお前は穴なんやわかったかっ。

テレビの音で目がさめた。体にはブランケットがかかっていた。疲れてそのまま眠ってしまったらしい。「はよ用意しいや遅刻すんでー」の声に混じってトーストを焼いている音が聞こえる。私は飛び起きて、冷蔵庫のドアを力強く開けた。チルド室には、穴のあいたれんこんが照れくさそうにそこにいた。

「あんた、昨日れんこん出しっぱなしやったで」

怪訝そうなオカンに私は「れんこん、またきんぴらにしてくれへん?」と言った。「わかったわかった」というオカンの声を聞かせると、れんこんの穴がまた一段と大きくなった気がした。すっかり自信を取り戻したようだ。そこで私はニヤリとして声を低くし、「でもな、そのきんぴらをな、黒ギャルが食べるんやでぇ!!!」と言うと、れんこんは「ひぃぃぃっ!!」と声をあげ、また、穴がひとつもなくなった。

(二〇一八年七月二五日公開)

「探しものはなんですか」

小さい頃に住んでいた家には、お風呂がなかった。バブル景気真っ只中の平成元年にめでたく生まれたというのに、うちは二つの意味でしっかりノーバブルだった。

夕飯が終わると、オカンの自転車の後ろに乗って銭湯に行った。近所にはいくつか銭湯があって、オカンの気分によって行く場所は変わったが、よく行くレギュラー銭湯には、他のサブ銭湯にはない黄色いケロリン桶があって、それがお気に入りだった。サウナが好きなオカンは一度入るとなかなか出てこず、私はケロリン桶を持ってきて、赤いカランから湯を少しだけ、青いカランから水をたくさん出して、自分の最適温度をつくって時間をつぶした。

レギュラー銭湯のもう一つ好きだったところは、とにかく番台がシブかった。そこに座るおばちゃんも、首にチェーンのついたメガネをぶら下げ、なんと形容したらよいか、「番台に座るときにする顔」のベストを叩き出していた。下からは番台の中が見えず、幼い私にはいっそう不思議で特別な場所のように思えた。いつも羨ましそうに見上げていたのだろう、ある日「お嬢ちゃん、いっぺん座らせたろか」と言って、ひょいっと私を持ち上げ、憧れの番台に座らせてくれた。きっと私は、パイロットを夢見る少年がコックピットに入れてもらったときのように目を輝かせたに違いない。おばちゃんは嬉しそうに座る私の頭をポンポンと撫で、「この子が継いでくれたら助かるわ〜」と言って笑った。オカンも「どうぞどうぞ〜」と、オバハンテンプレートで答えていた。

楽しい銭湯も、帰りはひたすら眠い。自転車の後ろでコクコクと船をこぐ私に、オカンは「落ちるで〜」「寝なや〜」と声をかけた。私もぐずつきながら、オカンの着ている上着を頭からかぶって、くっついた背中から伝わる体温でさらに眠りを加速させた。そうなるとオカンは諦めて、片手で私を抑えながら、いつも同じ歌を口ずさんだ。

それは、井上陽水の『夢の中へ』だった。探しものはなんですか。見つけにくいものですか。変な歌やなぁと思いながら、まどろみの中でいつしか自分も覚えて歌っていた。カバンの中も。服の中も。服の中じゃなかった、「服の中はあんた、机な、机」ゆっくり、夢の中へ、夢の中へ、行ってみたいと思いませんかウフッフ〜。「音外れすぎや〜」と笑うオカンの声が、だんだん遠くなる。夢の中へ、夢の中へ、うちまであと、もう少し。

小学校にあがると、次第に友達と銭湯に行くようになった。遊び場に変わった銭湯は、いつまでもいたいほど楽しかった。帰りは門限に遅れないように、並んで自転車をかっ飛ばす。

「なぁ、井上陽水って知ってる？」

「知らへん。SPEED歌おうや！」

立ち漕ぎしながら、高いキーの流行曲を仲良く歌った。

いつもの道で別れ一人になると、急に夜道が怖く感じる。前から男の人が歩いてくる。私は速度は緩めず、ハンドルをぎゅっと握って早口で「探しものはなんですか！」と歌うと、歩いてきた人が、急に質問をされたかのように、驚いていた。

（『小説新潮』二〇一九年一月号掲載）

「今日は機嫌が良くない一日やったわ」

毎日ご機嫌で暮らすことができればそんなに素晴らしいことはないが、人間なかなかそうはいかない。年を重ねた分だけ少しは感情をコントロールできるようになった気もするが、それでも日々予想だにしないことは起こるのであり、ひょんなことから落ち込んだり気分を害したりしてしまう。そして年に二回ほど、どうしようもないほどひどく塞ぎ込んでは、もんもんぷすぷす、情けない音を体から発する。その原因が一つのときもあれば複合的なときもあるし、理由自体が判然としない場合もある。朝から晩まで不快な気持ちを引きずる。先週がまさにそうだった。

このままだと自分ひとりでこの状況から脱することができそうにないなと思い、

私はいかにも日記に書くようなトーンで

「今日は機嫌が良くない一日やったわ」

と友人に電話口で告げることを選択する。友人はそれを受けて「そういうこと言うんはめずらしい」と言った。私は「何があったん?」と聞かれなかったことに、打ち明けた相手が正しかったと小さな喜びを感じる。

今回は困ったことに、理由がわからない不機嫌に見せかけたいだけの、理由がハッキリとした不機嫌だった。つまり、はっきりとした不機嫌の原因があるが、それに向き合うつもりは毛頭なく、天候や身体的不調のせいだと自分に言い聞かせた上で「今日は機嫌が良くない一日やったわ」から始まる何かしらの軽い会話のラリーを楽しみたいだけであったので、理由を正直に話し、日中の不機嫌だった時間ないしはその原因となる事柄をもう一度なぞることになるのは、どうしても避けたかった。

友人の「むやみに質問しない」というおそらく天性の気遣いによって、私は次の言葉を自分で決められることになった。本当であれば、友人が言った「めずらしい」の意味について、それは一般的な会話の出だしとしてなのか、私がそういうことを口にすることについてなのかどちらか、を問いたかったが、友人の質問しないイズムに一瞬で感化されたらしく、ひとまず「確かにな」と言う。続いて「今日は常に不快がそばにあって、それは、バイトのときに早く終わらんかと何度も時計を見てまうやつと同質の、一〇倍バージョンの不快」だと伝えた。友人は「相当やな」と返した。私は楽しくなってきた。この質問のない空間を風情と呼ばずして何と呼ぼうか。

こうなってくると面白いもので、あえて質問がきそうなスレスレのところを突きたい欲望に駆られる。私は「なんて？」が予想される「この不快は明日にまで持ち越しそうな気がするてぃんちゃこぶりら」と言う。すると友人は「最後わからんかった」と言った。すごい、かわした！　こいつは本物だ。本物であればこれはどうか。

「あんた、本物やな」

もう今や完全に攻撃と防御の構図である。私は果敢に攻むる者、どうだ、これなら「なにが?」と言わざるを得ないだろう!

友人は軽く笑いながら、あろうことか「知らんがな」と言った。

知らんがな⁉　なんだこの返事は?　どういうことだ。不確かであるという事実を恥ずかしげもなく平然と伝える癖のある関西人同士の会話としてもこれはおかしい。全然成り立っていないじゃないか。もしかしてこいつはちゃんと私の話を聞いていないだけなのか?

そう思うと、先ほどの短い返事も風情なんかではなくただ淡白なだけに思えてきた。あれ、普段こんな奴だったたか?　私はどうしても堪え切れなくなって、ついに言う。

「なんかテンション低ない?」

するど友人は少し間をあけて「ちょっとな」と漏らした。二戦目が始まった瞬間に気づいたら「え、どうしたん⁉」と言った私は、このわずかな時間で、二つも黒星をつけた。

（二〇二〇年五月一三日公開）

アイデアの初日感

先週、芸人仲間とタイへ遊びに行った。プライベートでは初めての海外旅行だったが、普段からあまり写真を撮る習慣がないため、思い出をデータにする作業はみんなに任せ、自由気ままに、バンコクの市場や寺院をほとんど肉眼で楽しんだ。ほとんど、というのは、帰国した朝に成田空港でフォルダを確認すると、三日間の滞在中に撮った一二枚の写真が入っていたからだ。一日四枚のペース。それなりに浮かれていたようではあるが、撮らないなら撮らないでいろよ、と自分の潔さの欠如を再確認することにもなってしまった。

写真を撮らない人間は往々にして、写真を見返す頻度も少ない。ただそんな私でも、旅行楽しかったなぁ、の時間はある。そのときに真っ先に思い出す風景は、なぜか一二枚の中にはなかった。鮮明によみがえるのは、風に小さくなびくテーブルクロスだ。

市場にひしめく料理屋のオープンテラスのテーブルには、どの店でも鮮やかなクロスが掛けられていた。一つひとつが大きめに描かれた花柄で、テーブルに対して斜めに掛けられ、三角にはみ出て下に垂れている部分が、熱を帯びた柔らかい風が吹くたびにヒラヒラと気持ち良さそうに揺れていた。私はそれを見て、ずっとソワソワしていた。いや、これ、飛ばされるんちゃう？　オープンテラスにテーブルクロス？　大丈夫？　と。通りから店を眺めているときも、店に入って席に通されたときも、それが気になってしょうがなかった。クロスが飛ばないように早く料理を置いてもらわなくてはと焦り、楽しそうにメニューを眺めている仲間に、「はやく決めろよ！　クロスが舞うだろうが！」と心の中で叫んでいた。

テーブルクロスを掛けた動機も気になる。装飾として店の個性をだすのがテーブルクロスの役割の大部分であると思っていた。しかし、どの店もみんな同じ柄を使っているのだ。どうやら他店と差をつけたいという思いは、その布製品にはこれっぽっちも込められていない。ではなぜクロスを掛けるのか。推測することはできる。おそらくタイの気候は一年通して高温多湿であるため、テーブルが外気や直射日光で傷まないようにしているのだろう、とか、あるいは想像を絶する食べこぼし方をする異国からの観光客に、テーブルを汚されると思っているんじゃないか、とか。そんな思考を巡らせては、どうも落ち着かない時間を過ごしたのだった。

そして、日本に帰ってからも、あのテーブルクロスが目に浮かんでいる。私はあのとき思っていた。「このアイデア、まるで今朝考えられたみたい！」と。

早起きした店の娘が、今日は機嫌がいいから押入れにあった布をテーブルに掛けてみた、すると思ったより素敵だった。

「見てお母さん、とっても良いでしょ？」

「あら本当ね、素敵だわ、でも強い風が吹いたら飛んでっちゃうんじゃない？」

「大丈夫大丈夫、そうだ、こんなにたくさんあるなら、ご近所にも配ってくるわ、きっとみんな喜ぶわよ」

みたいな会話が、まさにその日の朝にされていたような、そんな気がしてならなかった。あの風景には、そういう鮮度があるように感じたのだ。なぜか。理由はもちろん明白で、改善の余地があると無意識に思ったからだ。こういった「アイデアの初日感」のようなものを目の当たりにできることは日々の中で少なく、東京に戻った今、周りを見渡してみてもそうそうに見つけられないことに気づき、あの落ち着かない感情も、旅の醍醐味の一つであったことを知ったのだった。

あの街には、強い風は吹かないのかもしれない。そしてそれはみんなが知っていることなのかもしれない。それでも、あの晴れた空に一斉にいくつもの鮮やかな花柄が舞い、その下で娘が空を見上げながら腕を組んで「あちゃ〜なんか他の方法考えるか〜」と「アイデアの二日目顔」をしている、そんな光景に出くわしていたら、私はおそらく夢中で、写真を何枚も何枚も撮っていた。そんな気がしてならない。

（二〇一九年五月二九日公開）

「愛子ほら弥勒菩薩の絵あげるわ、」

ちゃうやん。いやちゃうこともないんやけど、だって、お墓まいりなんか形式だけのもんやからさ、石に水かけるだけやろ？　言い訳じゃないよ、もちろん、行きたいなとはずっと思ってるよ、ほんまほんま、行かなあかん、じゃなくて、行きたいと思ってる、な、そこ全然意味変わってくるから、いやこの前帰ったときは〰、ちゃうやん〰、あれは〰、久しぶりに後輩と会う約束があったから、まあ約束あったっていうか私が連絡したんやけど、ちゃうやん、そういうのあるやん？　プライベートのご飯やけどあとでそれが仕事に関わってくるみたいな、そういう付き合いよ、芸人ってそうやねんって、エピソードトークってあればあるだけ良いのよ、だから一〇〇％オフっていうことはないの、そのあとすぐにこっち戻らなあかんかったからさ、そりゃあと一日あったらゆっくり顔見せに行けたよ、今度こそまとめて休みとって、って思ってるよ、わかってる、わかってるって、四天王寺前夕陽ケ丘、改めて言わんでも覚えてるよ、霊園はいって二ブロック目を左の、ちゃんと覚えてるよ、当たり前やん、よう一緒に行ったやんか、じいちゃんとこに一緒にはいったんやろ、はいはいごちそうさまです、やめて、その年でのろけられるのキツいからやめて、もう年齢とかない、じゃないのよ、最近兄ちゃんは来てくれたけどな？　ちょっと、ちょっと待ってよ、兄ちゃんは京都やからすぐ帰れるやん、せこいやんそれは〜〜、並列で言うのはちがうやん、でもあれよ？　私のほうが絶対兄ちゃんより思い出す頻度は高いんやで、これはマジ、いやマジって、別に東京にかぶれてなくても言うよ、言う言う、大阪の若い子でも言うよ、大阪おったときからマジは使ってたよ、聞いて聞いて、昔さ、いつやったかな、もう大学はいっとったかな、なんか急に弥勒菩薩の絵書いてプレゼントしてくれたやん？　あれほんまに意味わからんかった、わからんかったけど嬉しかったよ、なんていうのあれサラピンやのにシワシワの紙、それに書いてて、それはどうでもええんやけど、で弥勒菩薩って、なんか耳に残るやんか、愛子ほら弥勒菩薩の絵あげるわ、って、そんなん忘れへんやん？　ウケ狙ってんのかなと思うぐらいのことやん、だからなんかずっと覚えてて、一回ネタで、コントでさ、弥勒菩薩っていう言葉使ったことあるわ、だからさ、いやだからっていうわけじゃないんやけどさ、存在がだいぶ心に残ってる感じせえへん？兄ちゃんなんかより、ずっと一緒に生きてる感じがするやん？　もう一人のおばあちゃんのこと？　ちがうちがうちがう、あれはさ〜〜、書いたよ、確かにコラムに書いたよ、ちゃんと読んだ？　気をつかってしまうって話やで？　全然ちがうやん、あっちはたまにしか会えへんかったやん、うちらはさ、一緒に映画行ったやん、今どきの座席って傘立てついてんのってビックリしてたやん、だからなにが言いたいかって言うと、いつだってわたしは、ふとした時に思い出してさ、家でおってもさ、喫茶店おってもさ、え？　ちがうよ、それは誤解やって、書くことなくなったときだけ呼ばんといてって、人聞き悪いな、そんなわけないやん、やめてよ、私とおばあちゃんの仲やんか、

（『イルカも泳ぐわい。』二〇二〇年掲載）

「必要なのは才能じゃない、練習それだけ」

中三にあがると、副教科に器楽の授業が加わった。授業が始まる前から「私はどんな楽器も絶対に上達しない」という確固たる自信があった。音痴でリズム感もなく歌がヘタな私が、楽器演奏はチョチョイのチョイでした、なんてことはあるわけないと思っていた。なんだったら、チョチョイのチョイというリズムもうまく取れているか不安なくらいだ。それに、自分が苦手なものには努力できない性格だということも知っている。中一のときに親父がギターを教えようとしてくれたとき、一つのコードも押さえられずに「指長い子に産まんかえ！」と逆ギレして一カ月足らずでやめた記憶も新しかった。

最初の授業で、先生が「今から二〇分やるから、自分が演奏したい楽器を考えて決めるように」と言った。それぞれの楽器には定員があり、希望人数がすーバーした場合はじゃんけんで決めるという。とたんにクラスは騒々しくなった。だいたいの子が「うちらでフルート占領しやへん?」とか「サックス吹きたいけど、人気が集中するからここはひとつトロンボーンでいこかいな」というような作戦を、楽しそうに立てていた。「え、演奏したい楽器があるとでも?」と思っていたのは、私と瀬戸ちゃんだけのようだった。

これでもかというほど面倒臭がりの瀬戸ちゃんは、のんびりとした声で「だるいのは避けたいやんなあ」と言いながら、私の横で楽器一覧が書かれたホワイトボードを眺めていた。「あいこ、どれ狙ってる?」と聞かれ、しばらく考えてから「うーん、これかなぁ」と指差すと、瀬戸ちゃんが「それやわな～」ともっともらしく頷いた。

「じゃあ次、マリンバ、定員二人、やりたい人～」と聞かれすぐさま、私と瀬戸ちゃんは手をあげた。他にあげる人がいないかドキドキしたが、「はい加納と瀬戸ね」と、私たちはあっさりとマリンバに決まった。私が木琴の一種であるマリンバを選んだのは「一番簡単そうだったから」なのに対し、瀬戸ちゃんは「本体持たんでええしな、管楽器みたいに中まで掃除せんでええやん？　で、肺活量必要ないからしんどないし、あと後列やからサボれんで」と、四点もマリンバの良いところをあげた。途端に瀬戸ちゃんがカッコよく見えてきた。この短時間で、たとえ後ろ向きな理由であれ、四つも長所を見つけられるなんて。極力努力したくない人の「自分が選んだ道を肯定する能力」というものを、私ははじめて目の当たりにした。この子は、この先きっと私より胸を張って生きていく、と直感した。

器楽の授業は、楽しかった。管楽器の指導に追われて先生はマリンバに見向きもせず、瀬戸ちゃんの言った通り、私たちは教室の後ろでサボりたい放題だった。合奏する曲にもマリンバのソロパートはなく、さらに他の楽器の力強い音にかき消されてしまう。瀬戸ちゃんが、マリンバの長所に「最悪叩かなくてもいい」を追加した。授業の終わりに、楽器の掃除をしているクラスメイトをよそに、私たちはマリンバのバチでフェンシングをして遊んだ。

大学に入学した春、一番驚いたのはみんながとにかく音楽に詳しいことだった。映画サークルに入ったが、「どんな映画が好き?」と聞き合うのは直接的で恥ずかしいのか、部室ではよく洋楽の話になり、私はその度にほぇーと間抜けな声を出して感心している他なかった。

同期の一人に「試しに聴いてみ」と言われ、ジャズのアルバムを借りた。一人暮らしのアパートに帰ってコンポでCDをかけると、部屋とは不釣り合いの粋なトランペットの音が流れてきた。はじめのほうこそ「スウィングしとんな」という意味のわからない感想しか持たなかったが、一曲気に入った曲ができてからは、なんとなくそれを寝る前に聴くのが日課になった。深夜のまどろみに、トランペットのプァーーというロングトーン、跳ねるようなピアノ、自由なサックスが重なり、それらの音がだんだん遠ざかっていくのが心地よかった。

気になってそのアルバムの奏者のことを調べると、その人が放ったいろんな名言がでてきた。中でも、

「必要なのは才能じゃない、練習それだけ」

という端的な言葉が目に留まった。んなアホな。違う時代の異国の学生にまで聴いてもらえるほどの曲を、努力だけで演奏できるわけない。そりゃめちゃくちゃ練習したんやろうけど。と考えていたら、ふとマリンバのことを思い出した。そういえばあの曲にマリンバ使われてなかったな。そう思うと笑えてきた。どこまでも努力する人と対極にいるマリンバの、あたたかいティコティコという音が、妙に懐かしく感じた。

二二歳の春、芸人として生きるために上京した。自分になにができるかもわからなかった。プァーーティコティコ。雑踏に飲み込まれないように、頭の中で鳴らした。プァーーーティコティコ。プァーーーティコティコ。努力と才能、そして人生を楽しむ音。ティコティコティコティコティコ。いつかテレビにうつった私を見て、瀬戸ちゃんは何て言うんやろうなあ。

（二〇二〇年四月八日公開）

あとがき

ｗｅｂちくまの連載エッセイ「何言うてんねん」を、こうして一冊の本にしていただきました。お手にとって読んでくださり、ありがとうございます。読み終えた方が「こいつ何言うてんねん」と笑ってくれていたらいいなと思います。

出版が決まったときから、だれかの部屋の本棚に並ぶことを考えてわくわくしていました。この本の両隣はどんな本でしょうか。三部作のいかつい小説、新装版の漫画、引き出物のカタログギフト、あれやこれやと想像しては楽しんでいます。

「エッセイを書いてみませんか」と声をかけていただいてから、はやくも二年が経ちました。ブログもツイッターもやらず、自分から文章で何かを伝えることをしてこなかった私が、まさか本を出版させてもらえることになるなんて、本当に人生はわからないなぁと思います。芸人という立場からなにを書けばいいのか、いつも迷いながらの執筆でしたが、今までの人生で読んできたいろんな本に支えられて、なんとか続けることができています。もしこの本をきっかけに知ってくださった方がいれば、ぜひ他のコンテンツでも、Ａマッソとしての私を見に来てもらえたら嬉しいなと思います。

最近、笑うことの意味を考えるようになりました。誰かにとって、自分にとって、笑うこととはどういうことなのか。そして今まで、人の感情を動かす職業である自分が、どこまで他人の人生を想像し、その人にとっての笑うことの意味を考えることができていたのか。誰に笑ってほしかったのか。今まで疑うことすらしなかった、わたしの笑いとはなんだったのか。答えは出ていません。これからも考え続けながら、芸人を続けていこうと思います。

出版にあたり、私にはもったいないほどの言葉をくださった岸本佐知子さん、朝井リョウさん、素敵な装丁をしてくださった佐藤亜沙美さん、写真を撮っていただいた大村祐里子さん、また間接的にこの本に関わってくださった方々に、この場を借りてお礼を申し上げます。ありがとうございました。

書き下ろし短編小説「帰路酒」も入れていただきました。この題材は元々コントのネタとしてつくったもので、数年前ライブのオーディションで「意味がわからない」と一蹴された思い出があります。あの時のあごひげのおっさんのむかつく顔が、私を奮起させ、ひとつの小説にしてやろうというパワーになりました。おっさんにもお礼を言いたいと思います。ありがとうございました。

そしてなにより、売れない若手芸人に文章を書く楽しさを教えてくれ、可能性を信じ、愛をもって向き合ってくださった編集担当の藤岡美玲さんに感謝申し上げます。本当にありがとうございました。

二〇二〇年一〇月

加納愛子

帰路酒

言われてみれば、かすかに稲穂の香りがする。

太陽の光を全身に浴びた黄金が、風に揺られてふわりと季節を奏でる。そんな情景が浮かばなくはない。

正直なところ、知識と経験どちらの引き出しにも稲穂の香りはないのだけれど、今こうしてぼこぼこと沸騰するステンレスの手鍋に入った液体からは、広大な自然の雰囲気が漂っている。

「これ、そうやと思う?」

「できたん～?　嘘～」

ほろ酔いで寝そべりながら携帯ゲームをしていた由香が、ソファーから体をむくっと起こした。ご機嫌にフローリングを滑りながらキッチンに立っている晋也の後ろに来て、湯気が上がっている手鍋を覗き込む。嗅ぐことよりも、嗅いでいることをアピールするほうに重きを置いて、由香はくんくんっと二度鼻を動かした。

「ぽい！　稲穂っぽい！　絶対そうやと思う！」

ぽい、という推定と「絶対」という断定が矛盾してるがな、相変わらずアホやな、と思ったが、今は後押ししてくれる言葉であれば何でも嬉しい。味わったことのない種類の小さな興奮を抑えきれずに、ニヤニヤと笑みがこぼれてしまう。

ガスコンロの火を止めて、手に持っていたレシピを確認する。レシピ本というにはあまりにも古く、年季が入っている。紙は変色し、本の端っこはところどころ破れていた。背表紙の右下に延宝四年とある。江戸時代中期のものであるらしい。指南書といったほうがしっくりくるその本には、細く淡い墨で描かれたイラストとともに「帰路酒」の作り方が記載されていた。

信濃の水、山陽道の林に生えるトチの木の葉、コオロギの右羽根、無念のため息、快諾の声、ほつれ睫毛、リーダー格のトンボの目玉、その他有形無形の具材五十余。大丈夫。全て入れた。

これらをくつくつと煮立て、弱火にしたり、火事になるギリギリまで強火にしたりして、ようやく、最終ページに書かれている、現代語訳すればつまり「なんやかんやで稲穂の香りがすれば完成」にたどり着いたのである。

流し台の下から、何かのお祝いでもらったまま開けずに置いてあった晩酌セットの箱を取り出した。中には味気のない白い陶器の大徳利とお猪口が二つ入っている。

大徳利を取り出し軽く水でゆすいでから、出来上がったばかりの酒を注いでいく。

「なぁ由香、ちょっとこれ、飲んでみてくれへん?」

「嫌や～晋ちゃん自分で飲みぃよ～」

そう言うものの、顔の表情はこの稀代の酒への興味を隠しきれておらず、もう少し押せばいけそうだと感じた。付き合ったときもそうだった。押したらいけた。

「お願いお願い、あれ、由香、今日めっちゃ可愛いやん」

「なにそれ、関係ないやろ～」

「酒飲んでるとこはもっと可愛いやろうなぁ、見たいなぁ」

「調子ええな～もう～わかったよ～」

ちょろいちょろい、と思いながら、由香に手渡したお猪口の上で徳利をゆっくりと傾けた。

「ぐびっといくなよ、とりあえず、ちょっと口つけるだけな」

「おっけー」

あ、こいつ多分ぐびっといくな、と思った。

直感は当たった。

手元で調節ができず、なみなみと注いでしまった酒を由香は自らの口で迎えにいき、一気に飲み干した後、「くぅ～」というスタンダードな吐息を吐いた。

「どう?」

「ん～美味しくもないし、不味くもないて感じかなあ」

「何かない？　こう、湧き上がってくるものというか」

「な～い」

一気に興が削がれたというように由香はまたリビングに戻り、ソファに体を沈めて足を放り出したまま、テレビの電源をつけた。付き合った当初は、うちでくつろいでいても、あんな体勢はとることはなかった。ちょうどゴールデンタイムのクイズ番組で、バラドルがおよそありえない回答をして不正解音と爆笑をもらったところだった。

「失敗失敗、晋ちゃんも、ブ～」

広げていた本を乱暴に閉じた。少し前までテンションが上がっていた自分が急に恥ずかしくなる。

「そもそも、酒って家で作ったらあかんねんよ、知ってる？　酒税法違反やねんで～。作るんやったら税金払わんと～」

「うっさい、アホが難しい言葉使うな」

手鍋に残っている酒を、シンクに流そうとしたそのときだった。

「ほんで？　晋ちゃん今日、どうやって帰るん？」

手が止まった。少し遅れて由香も気づき、パッとこちらを向いた。

「あたし、今何て言った？」

確かめるように、ゆっくり繰り返す。

「『今日、どうやって帰るん？』って」

「……ここ、晋ちゃんの家やんな？」

「……俺の家」

顔を見合わせ、しばらくの沈黙のあと、二人で歓喜の大声をあげると、隣人がドンッと壁を殴る音がした。

帰路酒が、できてしまった。


二カ月前の休日、運転免許の更新をするついでに久しぶりに実家に帰った。居間でくつろいでいると母親が、

「じいちゃんが、あんた呼んでるで」

と訝しそうに言った。二世帯住宅で隣に住んでいるじいちゃんは、少し前にへビーな喫煙から肺を患い、さらに立て続けに階段から落ちて足の骨を折って以来、半分寝たきりのような状態だったが、頭ははっきりしていた。新聞やテレビに向かって文句を言うことに残りの人生全てをかけていて、その気迫たるや、動き回れた頃にも増して、家族を圧倒するものがあった。

じいちゃんの部屋の前まで来ると、中から「なんじゃえその顔は！」と聞こえてきた。やってるねーと、嬉しくなる。

ノックしてドアを開けると、まさにテレビに向かってリモコンを投げようとしているところだった。

「おう晋也」

「荒れてんなぁ」

「この若い女優、メシ美味そうに食いよらへんねや」

当分これは長生きできるな、と安心する。

「で、なに？」

「なんや？」

「呼んだんちゃうん？」

「あぁ、そうそう。そこのな、物を売ってもらお思て」

そう言って、襖のほうを指差す。

「だいぶ集めてきたけど、お前も知ってるやろ。壺とか古楽器とか古書な。せやけど先も長ないし、これ全部売って葬式代の足しにしてくれや、時間あるときでええから」

じいちゃんは種類を問わず古い物を集めるのが好きだった。小さい頃にはよく骨董品市場に連れて行かれた。清潔とは程遠い男たちがダミ声を飛ばし、まったく用途のわからないものも平気で「良いよ〜」の一点に絞ってプレゼンしていた。欲しいおもちゃは売っていなかったけど、今まで感じたことのない大人の活気に触れて、眺めているだけで楽しかったのを覚えている。

襖を開けると、押入れには物がぎゅうぎゅうに詰め込まれていた。じいちゃんは買うことで満足し、並べもせずに全てしまい込んだままにしていたらしい。その隅に、一段古ぼけた埃まみれの本があった。手に取り表紙に目をやる。

「帰路酒?」

「それな、昔のいわゆる料理本や。帰路酒が作れんねんて」

「帰路酒って?」

「それを飲んだ奴は、どうしても帰路のことばかり気になってな、勝手に口をついて出てくるらしいで」

「なんやそれ」

「知らんがな、店のおっさんが勧めてきたんや」

ページをめくってみると、そこには怪しげな文とイラストが並んでいた。

売りつけてきた前歯がほとんどない店の主人によると、起源は戦国時代にまで遡るという。言わずと知れた大合戦、上杉軍と武田軍が北信濃の地を巡って一二年、五度にわたり戦った、川中島の戦いである。

一五六一年、八幡原の戦いとも呼ばれる第四次川中島の戦いでは、激戦の末、両軍合わせて七千人もの戦死者を出した。そのほとんどが、強引な徴兵によって各地から集められた農民兵である。決着がついたかどうか、史実では明らかになっていない。互いの兵が引き上げ、辺りが静かになった千曲川の周りには、たくさんの死骸が転がっていた。その中には、大怪我を負ってなお息のある兵士もたくさんいた。満身創痍の中、わずかに動く体を引きずって、数人が寄り添いあった。武器も、身につけていた申し訳程度の武具もとうに捨てている。

そのうちの誰かが、傍らに転がっていた兜で川の水を掬った。これが酒だったら、とそこにいた誰もが思った。時期は九月。例年ならばちょうど刈り入れをしている頃だ。故郷には妻と幼い息子を残してきている。あいつらだけで、ちゃんと稲を刈ることはできただろうか。帰りでぇ。兜の中につぶやく。どげして帰んだ。また別の誰かが聞く。ここに元気な馬さやってきでよ、オラを背に乗せて村まで駆けてくんだ。おめ、そげな怪我した腕で、どなして手綱とる。んだらおめさは、どげして帰る。オラはな、じきに突風が吹いてな、村まで体ごと飛ばしてもらうんだ。みんなが笑う。おめえは、おめえは、どげして帰る、どげして帰る、どげして帰る。

一人として、どこから来たとは尋ねなかった。聞いても敵味方が知れるだけだ。そうして、兜の中を指差し、これは帰路酒だといった。これは酒だ。この酒を呑み干す頃には、みんな妙案が浮かんでいるさ。そうだ。そうして兜の水を一杯ずつ飲み、酔って眠った。みんな黄金の稲穂の夢を見た。そしてそのまま誰も、二度と目を覚ますことはなかった。

ありえない。なんだこのもっともらしい話は。そもそも、そこにいた全員が死んだのなら、誰がこの話を伝えたというのか。どげして、とはどこの方言なのか。

「しかも水を掬ったその兜がなんと、あの武田軍の五名臣、山本勘助の兜やったらしいで〜」

「言いたい放題やな」

よくもまあ、一冊売りつけるためにこうも物語をでっちあげたものだ。本を出した奴も出した奴で、江戸中期か何か知らないが、わけのわからない本を出すからこうして後世のインチキな商売人が、じいちゃんみたいなカモを見つけるのだ。今も昔も、泰平の世はこういうところがタチが悪い。

「お前、今度これ作ってみ、できたら小遣いやらあ」

「ん〜まあ時間あったらな」

目を輝かせているじいちゃんに水を差すわけにもいかず、その日はしぶしぶその本を持ち帰ることになった。

「これは、すごいのができたな」

興奮状態でドタバタと冷蔵庫を開け、取り出した五〇〇ミリリットルのペットボトルに半分以上入っていた水をシンクへ捨て、空になったところへ鍋の帰路酒を移し入れた。

「どないすんのそれ?」

「わからんけど、冷やしとく」

「由香にもちょっとちょうだい」

「あかんあかん、こういうのは取り扱いが難しいんや」

「え〜」

機嫌を損ねた由香が、上着を摑んで玄関へ向かった。

「泊まっていかんの？」

「明日早いから、今日は帰る」

パンプスを履き終えた由香が不服そうに振り向いた。

「なんか言うことないん？」

「……ごめん」

「それと？」

わずかに思案して、手に持っていた帰路酒に急いで口をつけた。

「どうやって帰るん？」

由香は一気に破顔して「阪急バス」と言った。

続けてキャハハと笑い、パンプスを脱いで再び部屋に戻った。明日早いんちゃうんかい、と言いそうになったが、すんでのところで止めた。

翌日、会社のデスクで本日数度目かのあくびを何とか噛み殺していた。早く帰りたいが、今日は長引きそうな会議がある。いくら精を出しても残業手当が出ないことを知っている社員は、せっかくの金曜日にもかかわらずみんな鬱屈した気分で午後を過ごしていた。

案の定、会議が始まって三時間経っても、一向に帰れる気配はなかった。時計は一九時を過ぎている。みんな難しい顔をして資料に目を落としてはいるが、もう明日からの休みのことしか考えていないだろう。

部長が、光沢のある藍色の万年筆をくるっと回し、ペン先でトントンと机を叩いた。

「よし、じゃあ前回のプロジェクトの資料からもう一回説明する。その中で何か思いつくアイデアが出たらどんどん言うてくれ、この機会や、しっかり意見出し合おう、忌憚なくな」

部長が着席をする際に、隣に座っていた晋也の肩を親しげにバンバンと叩いた。

不快な気持ちが増幅する。会議室の中に、見えないため息が充満した。じゃあお前が先陣きってアイデア出せよ、と心では思うが、口に出せる人はもちろんいない。

部長が再びプロジェクターを操作し、みんながのろのろとモニターのほうへ体を向けたとき、ふと、ポケットに忍ばせていた小さな容器にいれた帰路酒に思い至った。

「あっ」

と、思わず声が漏れる。

「どうした、なにか思いついたか」

みんなの視線が一斉に向いた。

「え、いえ、すいません、プロジェクターが点いたな、と思ったら、つい」

そこにいた全員が一瞬きょとんとした顔をした後、部屋がどっと沸いた。

皆がプロジェクターのほうに視線を戻した隙に、晋也は机の下で帰路酒の入った容器を開け、素早く部長の前にあったコーヒーの入った紙カップに流し入れた。

気づいていない部長は、一通り説明を終えて、紙カップを持ち上げ、コーヒーをごくんと飲んで一息をついた。

晋也はすっと手をあげた。

「あの、一つよろしいでしょうか？」

「どうした高野、なにか思いついたか？」

「はい部長、今日の夕飯ですが、鯖の塩焼きだという連絡が彼女から入りました」

「ん？」

「魚、たまに食べたくなりますよね。だから僕嬉しくって。鯖も、早く早く～なんて言ってるもんですから」

「高野、なんの話や？」

「しかも鯖が、もう自らの体を焼き始めてるっていうんですよ。気が早いったらないですね。でも冷めてしまったら元も子もないでしょう？　だからできれば、早いうちに帰りたいです」

急に妙なことを言い出した晋也に、馬鹿にされたと思った部長が怒りだしはしないかと、みんな戸惑った表情をしている。

「帰りたいやと？　お前、それはなんや、じゃあ、どうやって帰るねん」

胸がトクンと鳴る。

みんなが、驚いて部長のほうを見た。

「いや違う、そうじゃなくて、次のプロジェクトでやな、その、なんや、携わるお前は、どうやって、その、帰るんやと聞いてんねや」

「はい、いつものように、阪急線で帰ろうと思います」

「ほな阪急で、え、知らん、半休扱いで、ちゃうがな、今は帰り道の模索、帰り道の模索って何や、プロジェクトや、プロジェクトの話や、せやろ！」

「おっしゃる通りです」

「おっしゃる通りってどの通りや、どの通りを通って帰るねん」

「駅までは、国道を使おうと思っています」

「知るかそんなこと、そもそも俺は、今日は自転車で帰るんや」

「なぜでありましょう？　なぜ部長は自転車で帰られるのでしょう」

「自転車で来たからに決まっているやろ！　黙れ！」

「自転車で来たからという理由だけで自転車で帰るのですか？　それは自転車への義理立てですか？」

「やかましい！　なんやお前らその目は！　そんな目をして、どうやって帰んねん！！　ええ？　誰か答えろ！　どうやって帰るんじゃおらあ！」


ＢＡＲ「プラネット」のカウンターで、上機嫌の晋也は三杯目のジントニックを注文していた。

「もう部長の憤怒の顔いうたら、なかったですよ」

「面白いねぇ。ほんまにそんなんあるんやねぇ」

カウンターの中で、カクテルグラスにライムを落としながら、この店のママである晴子が、上品に笑っていた。薄暗がりの照明に照らされて、大人の色気がたまらない。最近では週に二回ほどのペースで、この店に通うようになっていた。

あの後すぐ会議はお開きとなった。部長がひとりずつ帰路について聞いて回り、それを伝え終わった者からそそくさと逃げるように会議室から出て行く、という異様な光景となった。新入社員の坂井が部長に、歩いて帰りますと申告すると、歩行速度、鼻歌の有無を業務的に問われ、「普通、無しです」と淡々と答えているのを聞いて、ラーメン屋の注文を想起した。

「帰路酒、ねえ」

晋也は帰路酒が入った容器を振って、「プラネットにも、置いてみます？」とおどけてみせた。

「あらぁ面白そう、ふふふ」

まるで低反発クッションのように、自分の型を受け入れてくれる心地よい晴子の返答で、駅前から離れているにもかかわらずに店が繁盛している理由がよくわかる。

「結局じいちゃん、一〇万もくれたんですよ」

「そんなに？　すごい」

「それで良いコートでも買おうかな」

「ええね。せっかくの男前なんやもん、ええもん着んと」

「じゃあそれ着てきたら、デートしてくれます?」

「ふふ、そうやねぇ」

酔いに身を任せ、グラスを前に置く晴子の右手に、火照った左手をそっと添えた。弾かれたように晴子が顔を上げたそのとき、店のドアが開き、男女二人が連れ添って入ってくるのが見えた。晴子はすばやく手を引いた。

入ってきたのは、由香だった。見慣れない黒のワンピースに、聞き慣れた笑い声が同時に飛び込んでくる。楽しそうに長身の男に体を寄せて、空席を見つけるために店内をぐるりと見回し、カウンターで視線を止めた。

ほんの一瞬だけ目が合ったが、修羅場のような張り詰めた空気にはならなかった。由香は再び視線を連れの男性に戻し、何事もなかったように晋也の隣の席に座った。由香には今日は同僚の男数人と飲みに行っていると嘘をついている。

動揺を悟られないように、静かにグラスに口をつけて冷静を装う。今俺たちは、同じ気持ちでいるに違いない。由香の表情から見て取れたのは「やべっ」という焦りではない。「あれ？　これ、どっちのほうが罪重い？」という疑問であった。おそらく晋也も同じ顔をしていた。どうしたものかと迷っていると、由香が聞こえよがしに隣の男に「なに飲むぅ？」と体を近づけた。甘ったるい声に神経を逆撫でされ、急に苛立ちが込み上げてくる。なんじゃこいつ、一瞬で開き直りやがった。

そっちがその気なら、とカウンターの上に置いた帰路酒の容器に手をかけた。お酒をつくる晴子との会話を再び続けながら、目の端ですぐ横の由香の動きをとらえる。由香は頼んだスプモーニを両手で持ち、相手の男のビールグラスに当てて小さくカチンと鳴らした。その音にまた苛立ちは増幅する。盛り上がってるとこ悪いけどな、おまえはこの後帰路の話を持ち出して、「迂回路の女は好きろ？」とかわけわからんこと言って男を興ざめさせるんや。残念やったな。

乾杯を終えてコースターの上に戻されたカクテルグラスを確認する。由香が男のほうに顔を向けた瞬間、晋也はそこへ容器の中の帰路酒を全て流し込んだ。由香は男が開いた携帯の画面を一緒に覗き込んで話している。なにも気づいていない様子を見て、思わず笑いそうになるのをこらえた。そのうち二人は噛み合わない会話をして、微妙な空気感のまま店をあとにするだろう。そしたら俺は晴子との楽しい夜を心置きなく満喫する。由香とは一年ほど続いた関係だったが、とくに大恋愛だったわけでもない。まあ、そこそこ楽しかったけど。そこそこな。いい大人は終わった付き合いに感傷に浸らへんのや。

落ち着きはらった動作で、グラスになみなみ入ったジントニックを一口飲んだ。そして由香への当てつけのつもりで、カウンターの向こうの晴子に声をかける。

「晴子さんは帰ってどうやったら帰ってなんで帰って帰ってくれないいんバスタクシー送迎、徒歩徒歩？」

自分の口からでた言葉に驚き、口を押さえて横を向いた。ゆっくりとこちらを向いた由香が、頬杖をついたままニヤリと笑い、五〇〇ミリリットルのペットボトルをむかつくほど優雅に振った。

(『イルカも泳ぐわい。』二〇二〇年掲載)

文庫版あとがき

みなさんのお手元でたくさん泳がせていただいたおかげで、このたびめでたく文庫本になりました。久しぶりに読み返してみると、イルカはなんとも自由に、そして楽しそうに跳ねていたんだなあ、と嬉しくなります。

初めて自分の単行本を手に持った感動は、筆舌に尽くし難いものがありました。装丁が予想よりもかなり黄色く、「これだけ黄色かったらさすがに売れそう」と変な自信を抱いたことも、私に興味ないと思い込んでいた兄が一〇〇冊買ってくれて照れくさかったことも、大切な思い出です。お子様を二人以上育てられている親御さんの、「第一子の写真が多くなっちゃう問題」にも容易く共感してしまいそうなところですが、第二子ももちろん同じように愛情を注いでいきたいなと思います。小さくてかわいい、自慢の文庫です。心なしか落ち着きがあるようにも見えます。

コロナ禍の描写はすでに懐かしく、人は忘れていくものということ自体を忘れていることに気付かされます。私は劇場に立てないもどかしさを書いていました。今また世界が同じような状況になったとしたら、私は何に焦がれるのでしょうか。最近はなかやまきんに君に触発されて筋トレの楽しさを覚えてしまったので、案外ステイホームも苦ではないかもしれません。筋トレはデメリットが全くないらしいので、私は読書と同じようなものだと捉えています。つまり、すればするほど豊かになる。みなさんも良かったら始めてみてください。これで「文武」の完成です。

ちなみに、あの話に書いたM字は真空ジェシカの川北くんです。個人名をするりと書けてしまうことにも、四年という年月を感じずにはいられません。大きな会場で共演するようになった今でも、たまにあのM字を見ます。

二〇一八年、「売れていないという意味である」という一文で締められたコラムから、この本は始まっています。今思えば、まだ下積みの現状を書ける心の余裕があった時期だったとも言えます。

それから二年後の二〇二〇年、近所のスーパーで何を買うともなく商品を眺め、芸人になって初めて「今年でダメだったら……」という考えが心をよぎりました。そして、後悔しないようにできることはなんでもやろうと誓った、豆腐コーナー前での決意。

今までインタビューで「芸人をやめようと思ったことはありますか?」と聞かれたとき、常に「いや、それはないですね」と当然のように答えてきました。まったくの嘘ではありませんが、私は、あの絹ごし豆腐の並んだ光景を忘れることができません。そのことをいつか書きたいと思っていました。文庫のあとがきに何を書くのが適当なのかはわかりませんが、今後これほど環境が変動する数年はないのではないかという今、書きのこしておきます。この本を通して、そのような当時の焦燥を感じることはないかもしれません。やっぱりエッセイと日記は違うなあ、と当たり前のことを思うこの頃です。

二〇二四年春の現在、まだ「何言うてんねん」の連載を続けさせていただいています。そのことに深く感謝しながら、虎視眈々と二冊目の出版も狙っていきます。また新しい海洋で。

加納愛子

二〇二四年三月

解説　加納さんの脳みそをカンニングしちゃおう

フワちゃん

つるみ歴六年目、つむじの先からお尻の穴まで仲良しのウチら！！　来る日も来る日もつるんできたけど、加納愛子はやっぱり風変わり！

みんなが憧れる一生モノの天才は、毎日なにを考えているんだか！　みんなよりちょっと近くで見てきたフワちゃんが、今日はこっそり教えちゃいます。

加納さんとフワちゃんはこの世で一番仲良しだから、よく他の後輩から加納さんとの付き合い方を相談されます。

遊んだ後輩から相談されること堂々のナンバーワン「加納さんの言ってることがよくわかんないのにわかったフリして笑ってしまいます」。

なんて不名誉な後輩達でしょう。でもこれは言い切れます。加納さんが悪いです。

加納さんは、結論が変すぎる。急に、「マイナス×マイナスって数学的にはプラスになるやん。それが現実世界では米の収穫やねん」って言います。馬鹿なフリして「どういうことやねん」って踏み込める後輩なんて東京にはいません。みんな天を仰ぎながら「ナルホド。。」を絞り出しているというのに加納さんは相変わらずおかしなことばかり言ってきます。

でも加納さんって結論が急すぎるだけで、思考回路をイチから辿れば、ほんのちょっとだけ本心で「ナルホド」って言えるようなことは言っているような気がします。ずっと一緒に過ごしているとわかってくるんです。加納さんって、好きなモノと嫌いなモノがちゃんとある。自分の信念にルーツがある。

『イルカも泳ぐわい。』は、そんな加納さんの思考回路を堪能出来る（全く出来ない回もある）エッセイ集です。

表題作の「イルカも泳ぐわい。」。

加納さんが、自身の好きなモノについて書くエッセイ王道のフォーマット。

……っていうのはひっかけ！

普通なら絶対フォーカスされない、高僧・野々村さんの漫才中のツッコミ「イルカも泳ぐわい。」が、小粋でウキウキするリズミカルな文章でぐいぐいフィーチャーされています。加納さんの好きなモノへの「情熱」がビンビン。これこれ。このモード。後輩全員が覚悟を決めるこのモードです。好きなモノって言っても、バスケが好き。とか乃木坂が好き。とかの話じゃない。加納さんが真っ先に好きと語るのは「イルカも泳ぐわい。」なんだから。

題材はコアだし、好きな理由もテッパンなんかじゃ到底ない。でもそこには確かに加納さんだけの思考回路があって、加納さんだけの哲学があるんです。枠だけに共感して楽しむなんて粋じゃないこと加納さんはしません。（フワちゃんは平気でする。タピオカ好き集まれ〜）

好きなモノへのアプローチから見えてくる大本の生き様や信念。加納さんのそんな根底の部分を、この作品を読むことで、ちょっと遠回りして感じられると思います。

加納さんの哲学って、アウトプット先が自分に向けられるとパニクるけど、こっちから覗きにいくとすっごい面白い。この思考回路はホルマリン漬けにして大切に保存すべき！！（たまに取り出して指でぷにぷにしちゃお）
「――不必要なものだけを堪能できるようになれば、それは最高の娯楽になるはずだと、私は信じている。」
あたしが特に大好きなのは、加納さんのこういうところ。これこそ、加納さんの哲学。人生に転がる美しいムダは、囓ってみたらとびきり美味しいのに。そんななんとも愛おしいジレンマを、心躍るジューシーな喩えをたくさん使って教えてくれました。
加納さんは、私が何気なく言った一言にも「今の言葉ええわ！」って言うことがあります。「ジュースどっちか迷った時はどっちも買う」みたいななんでもない言葉です。普通だったら確実にとりこぼす他愛のない一言が、加納さんにはなぜか刺さることがあるんです。

私は馬鹿なフリして加納さんに口答え出来る唯一の後輩なので、ここぞとばかりに鼻を膨らませて、「意味わかんない！　それってどういうこと！」と聞きました。しかし結果は振るわず。「なんでやねん！　わかるやん！」で一蹴されてしまいました。

加納愛子を唯一打破できると思われていた「馬鹿なフリ」作戦も、イケる時とイケない時があるねんな。謎は深まっていきました。

このエッセイには、そんな日常の何気ない一コマに魅力を感じる加納さんもたくさん詰まっています。（「こいつの足くさいから洗ってんねんー！」、「今日の朝ごはん、どっちの手でお箸持った？」など）そして、幸運なことにその考え方のプロセスも少しずつ散らばっています。

加納さんと仲良くなりたいけどつかみどころがないな〜って思ってる人がもしいたら、この本で加納さんの脳みそカンニングしちゃえばいいんです。

全然つかめないけど、ほんの少し近づけた気になれます。加納さんの好みがわかったようなつもりになれます。ついつい、エセ関西弁で喋っちゃいます！！

そういえば、今回作中に出てくる「アイデアの初日感」は、加納さんと一緒に行ったタイ旅行でのお話です。この旅行は本当に事件だらけで、乗る飛行機間違えるし、空港ついて速攻パソコンなくすし、熱中症になるわぼったくられるわでリアル電波少年みたいな旅だったのに、エッセイに選ばれたのがテーブルクロスの話って。。。なんかもう、しびれました。どこを切り取ってんの。マジで。ぼったくりよりも「テーブルクロス」って。

思い出のアルバムを見たり、編集してYouTubeを作ったりすることはあっても、こういう形で思い出を見返したのは初めてです。一緒の景色を近くで見ていたからこそ、加納さんが日常を見るフィルターがとんでもなく面白いことに改めて気づかされます。（あたしがインスタでよく使うアボカドのフィルターより面白いかも）

最後に、書き下ろしの小説。もう読んで倒れて大の字。またですか。また最高ですか。

漫才もコントもアニメも映画も、ついには小説も！！！　誰にも真似できない、おかしなおかしな頭の中が、宇宙みたいにまだまだ広がっているなんて！！しっかし加納さんは、何をやってもワクワクさせてくれる、クゥ〜って唸らせてくれる、サイコー！って叫ばせてくれる！！ノンストップエンターティナーですね！　勢い余って最後にダサい異名つけてしまいました！！

今夜は稲穂の香りのタピオカ飲みながら一緒に帰りましょ！　なにで帰る？　セグウェイ？

（「ｗｅｂちくま」二〇二〇年一二月二日公開）

本書は二〇二〇年一一月に小社より刊行されました。

文庫化にあたり、書き下ろし「むらきゃみ」と文庫版あとがき、解説を新たに収録しました。

ちくま文庫

イルカも泳ぐわい。

二〇二四年五月十日　第一刷発行

著　者　加納愛子（かのう・あいこ）
発行者　喜入冬子
発行所　株式会社　筑摩書房
東京都台東区蔵前二―五―三　〒一一一―八七五五
電話番号　〇三―五六八七―二六〇一（代表）
装幀者　安野光雅
印刷所　三松堂印刷株式会社
製本所　三松堂印刷株式会社

ISBN978-4-480-43952-9　C0195